KB200195

하늘 문을 여는 기도

하늘 문을 여는 기도

지은이 | 최성은
초판 발행 | 2021. 5. 12
2쇄 발행 | 2021. 6. 25
등록번호 | 제1988-000080호
등록된 곳 | 서울특별시 용산구 서빙고로65길 38
발행처 | 사단법인 두란노서원
영업부 | 2078-3352   FAX | 080-749-3705
출판부 | 2078-3331

책값은 뒤표지에 있습니다.
ISBN 978-89-531-4006-6 03230

독자의 의견을 기다립니다.
tpress@duranno.com   www.duranno.com

두란노서원은 바울 사도가 3차 전도여행 때 에베소에서 성령 받은 제자들을 따로 세워 하나님의 말씀으로 양육하던 장소입니다. 사도행전 19장 8~20절의 정신에 따라 첫째 목회자를 돕는 사역과 평신도를 훈련시키는 사역, 둘째 세계선교(TIM)와 문서선교(단행본·잡지) 사역, 셋째 예수문화 및 경배와 찬양 사역, 그리고 가정·상담 사역 등을 감당하고 있습니다. 1980년 12월 22일에 창립된 두란노서원은 주님 오실 때까지 이 사역들을 계속할 것입니다.

최 성 은
지음

인생의
골짜기에서
드리는

기도의 원리

하 늘 문 을 여 는

기 도

두란노

눈물을 흘리며 씨를 뿌리는 자는

기쁨으로 거두리로다

시 126:5

✦ 목차 ✦

자전거의 두 바퀴처럼 신앙생활의 기본 두 가지는 말씀과 기도입니다. 위기를 만나면 성도는 기도합니다. 문제는 어떻게 기도할 것인가입니다. 최성은 목사님은 성경의 모본을 따라 위기를 돌파하는 기도를 선포합니다. 말씀을 붙들고 말씀을 따라 기도하는 비밀을 나누고자 합니다. 그런 기도를 우리는 '하늘 문을 여는 기도'라고 할 수 있습니다.

저자는 말씀의 사람이고 기도의 사람입니다. 그래서 우리를 기도의 자리로 합당하게 인도합니다. 이 책을 여는 분들에게 부디 하늘 문이 열리기를 축복합니다. 코로나 블루의 어두운 하늘 아래 응답의 약속의 무지개를 보시기를 기도합니다.

이동원_지구촌교회 원로목사, 지구촌 목회리더십센터 대표 우리는 어느 때보다도 응답 받는 기도가 필요한, 위기의 시기를 살고 있습니다. 그래서 우리 기도를 점검하며 하나님의 뜻을 구하는 기도, 성경을 읽고 깨닫고 묵상하는 기도를 드려야 합니다. 최 목사님의 《하늘 문을 여는 기도》는 우리 기도의 현주소를 돌아보고, 약속의 말씀에 근거한 기도가 얼마나 중요한지 깨닫도록 안내합니다. 이 책을 읽으면서 기도의 능력이 회복되고, 인격이 성숙해지며, 주님을 향한 사랑이 깊어지길 축복합니다.

김양재_우리들교회 담임목사

전 세계가 코로나 바이러스 팬데믹 상황이고 국가적으로도 큰 어려움에 처해 있으며 개인적으로 사망의 음침한 골짜기를 지나는 이들이 너무나 많습니다. 이러한 때 누구나 간절히 기도하게 되지요. 하지만 안타깝게도 기도는 해야겠는데 어떻게 기도해야 할지 막막해하는 이들이 많습니다. 많은 그리스도인이 기도에 대한 좌절이 깊습니다.

"하나님은 우리가 구하지 않아도 우리의 문제를 다 아실 텐데, 왜 기도하라고 하실까?"

"기도하라고 하셨으면서, 왜 기도에 응답하지 않으실까?"

"왜 어떤 사람들은 다른 사람들보다도 응답을 더 잘 받는 것인가?"

"49명과 51명이 서로 다른 응답을 구하면, 하나님은 51명의 기도에 응답하실까?"

기도에 대한 질문은 끝이 없습니다.

정말 기도해야 하고 기도하고 싶은 마음이 간절한 이때, 최성은 목사님이 여호사밧의 기도, 엘리야의 기도, 요한복음 15장의 예수님의 가르침으로 능력 있는 기도뿐 아니라 하나님의 마음을 움직이고 삶에서 열매를 맺는 성숙한 기도의 세계로 우리를 안내하고 있습니다.

모든 그리스도인이 이 책을 통하여 하늘 문을 여는 기도를 드리게 되기를 소망합니다.

유기성_선한목자교회 담임목사

기도는 하늘의 문을 엽니다. 어둡고 어려운 이 땅에서 하늘의 문을 여는 기도는 얼마나 중요하고 얼마나 놀라울까요. 저자는 위기 가운데 있는 우리에게 능력 있는 기도를 도전합니다. 말씀대로 기도하는 삶에 맺히는 풍성한 열매를 선포합니다. 이 책을 통하여 기도의 문을 엽니다. 하늘의 문이 열리는 기도를.

진재혁_케냐 선교사

그리스도인에게 가장 중요한 소명은 기도를 배우는 일입니다. 성경에 나타난 기도들은 우리가 어떻게 기도해야 할지를 알려 주는 귀한 지침서입니다. 그리고 모든 기도는 대제사장이신 예수 그리스도의 기도를 통해 정리되고 배워집니다. 최성은 목사님의 이 열정적인 설교는 한국 교회 모든 성도들에게 기도를 통해 다시 한 번 부흥을 체험하도록 인도할 것입니다.

이재훈_온누리교회 담임목사

기도는 하늘의 능력을 풀어내는
비밀의 장이다

그리스도인들에게 기도처럼 쉽고, 기도처럼 어려운 일은 없는 것 같습니다. 기도가 쉬운 경우는, 하나님이 내 곁에 계셔서 그분과 깊은 대화를 나눌 수 있기 때문일 것입니다. 하지만 동시에 하늘과 땅을 연결하는 고통을 아직 느껴 보지 못했기 때문에 기도가 쉽다고 여길 수 있습니다.

반대로 기도가 어려운 이유는 아직 하나님을 깊이 만나지 못해서 허공에 대고 기도하는 것 같다고 느끼기 때문일 것입니다. 그러나 동시에 하늘과 땅을 잇기 위해 창자가 꼬이고, 땀방울이 핏방울이 되도록 죽을 만큼 기도하기 때문이기도 합니다.

기도는 쉽고도 어렵습니다. 우리는 기도하면서 친구 같은 하나님을 대면하기도 하고, 우주를 창조하신 전능자를 대면하기도 합니다. 엘리야가 기도할 때 만난 하나님은 그런 모습이었습니다. 예수님의 기도도 하나님의 이 두 가지 측면을 다 보여 주고 있습니다. 예수님의 마지막 십자가상에서의 기도는 가장 강력하면서도 가장 고통스러운 기도였습니다. 하늘과 땅을 이어 주는 하늘 문을 여는 기도였기 때문입니다.

기도는 아버지 하나님을 만나는 친근한 장이면서 동시에 엄청난 하늘의 능력을 풀어내는 비밀의 장이기도 합니다. 그래서 《기도》라는 명작을 남긴 앤드류 머레이(Andrew Murray)는 기도에 관해서 다음과 같이 말했습니다.

"하나님의 자녀는 기도로 모든 것을 정복할 수 있습니다. 그래서 사탄이 하나님의 자녀들에게 이 무기를 빼앗거나 그것의 사용을 제지하려고 최선을 다하는 것은 전혀 이상한 일이 아닙니다."

지구촌교회에 부임해서 수요 오전예배의 첫 시리즈 주제로 기도를 택했습니다. 지구촌교회는 이미 중보기도로 유명하지만, 교회 모든 사역의 힘의 근원은 기도라고 확신했기 때문입니다.

'하늘의 문을 여소서'라는 주제로 여호사밧과 엘리야의 기도 그리고 요한복음 15장 7절을 중심으로 하늘의 문을 여는 비밀이 무엇인지를 함께 나누는 은혜의 시간을 가졌습니다. 대형교회를 담임하고 있다는 부담감 때문에, 그리고 요동치는 한국 사회와 위기의 한국 교회의 현실 앞에서 저는 기도로 하나님께 매달릴 수밖에 없었습니다.

지구촌교회에는 특별히 훈련받은 기도자가 천 명가량 있었습니다. 정말 헌신된 중보기도자들입니다. 그런데 시리즈 설교를 하면서 하나님께서 마음에 중보기도자들이 더 필요하다는 강력한 음성을 주셨습니다. 시리즈가 끝날 즈음 중보기도자 헌신을 격려한 이유입니다. 놀랍게도 몇 주 사이에 중보기도자가 3400명이 되었습니다. 그 짧은 시간에 중보기도자가 세 배 이상 늘어난 것입니다. 얼마나 많은 사람이 기도하기를 갈급해하는지 감격스럽게 깨달았습니다.

우리는 영혼들을 구원하여 하나님 앞에 드립니다. 전도자를 훈련시켜 하나님 앞에 드립니다. 목회자와 선교사를 헌신시켜 하나님 앞에 드립니다. 온갖 사역의 열매를 하나님 앞에 드립니다.

그러나 이 모든 사역의 밑바탕에는 중보기도자가 있음을 잊지 말아야 합니다. 이들이 있어야 모든 사역이 온전한 진리 가운데 생명력 있게 움직일 수 있습니다. 사탄은 무슨 수를 써서라도 우리가 기도하는 것을 방해하려고 애를 씁니다. 기도의 능력을 알고 두려워하기 때문입니다.

엘리야는 기도를 통해 한날에 하늘에서 내려오는 불과 물을 경험한 사람입니다. 야고보서는 엘리야가 우리와 성정이 같은 사람이라고 알려 줍니다. 우리도 엘리야처럼 하늘 문을 여는 기도를 할 수 있다는 의미입니다.

3천 명이 넘는 사람들이 기도의 특수부대로 헌신한 뒤 2개월 후 코로나 전염병이 창궐했습니다. 그제야 왜 하나님께서 더 많은 중보기도자를 원하셨는지 깨달았습니다. 지난 한 해 동안 지구촌교회는 매일 저녁 3천 중보 용사를 중심으로 온라인 혹은 현장에서 온 교인과 함께하는 NCC 기도회를 100일간 진행했습니다. NCC 기도회란, 'for Nation, for Church, for Corona'로 '나라를 위하여, 교회를 위하여, 그리고 코로나 상황에서 고통받는 이들을 위하여' 기도한 것입니다.

우리는 이 기도회를 통해 하나님께서 하늘 문을 여시고 부어 주시는 크고 작은 놀라운 은혜들을 경험했습니다. 여러분도 누구나 하늘 문을 여는 기도를 체험하는 중보기도자가 되실 수 있습니다. 하나님께서 그 비밀을 하나님의 자녀들에게 알려 주기를 기뻐하십니다.

오늘도 하늘의 문을 여는 기도를 통해 가정과 교회와 나라와 선교지에
그리스도의 복음이 전해지기를 간구하는 모든 중보자들에게
하나님의 능력이 임하기를 소원하며

최성은 목사 드림

Part 1

하늘의 문을 여는 특권

여호사밧의 기도

1

인생의 골짜기에서 기억해야 할 6가지

역대하 20장 1-30절

역대하 20장은 유다 주변국들이 연합해서 수십만의 병사를 이끌고 남유다를 쳐들어온 국가적 위기 상황을 서술하고 있습니다. 당시 남유다는 정치적·경제적·사회적으로 비교적 태평한 세월을 보내고 있었습니다. 심지어 약소국으로부터 조공을 받기까지 했지요. 그렇게 태평성대를 구가하던 나라에 별안간 위기가 닥친 것입니다.

이때 한 나라의 왕이 해야 할 일은 무엇일까요? 현실적으로 따졌을 때, 가장 먼저 군대를 소집하고 전쟁을 치를 만반의 준비를 하는 것이 마땅합니다. 어쩌면 연합군이 수십만의 대오를 이끌고 유다를 향하고 있다면, 전쟁을 위한 만반의 준비를 하기엔 이미 늦었는지도 모릅니다. 당시 유다가 부강했다 하나 수십만의 군사와 대적할 만큼은 아니었습니다. 당연히 왕은 물론 온 백성이 아연실색이 되어 버렸지요. 경기에 임하는 선수나 전쟁에 임하는 군사나 가장 먼저 마음에서 이미 패배를 인정하면 질 수밖에 없습니다. 실력보다 절망이 성패를 좌우하기 쉽습니다. 당시 유다 백성은 수십만 대군 앞에서 패배를 예감했고 절망의 나락에 빠져들었습니다.

그런데 여호사밧왕의 행동이 놀랍습니다. 그는 그 어느 때보다 절체절명의 위기 앞에서 가장 먼저 기도의 무릎을 꿇었습니다.

여호사밧이 두려워하여 여호와께로 낯을 향하여 간구하고 온 유
다 백성에게 금식하라 공포하매 유다 사람이 여호와께 도우심을
구하려 하여 유다 모든 성읍에서 모여 와서 여호와께 간구하더라
여호사밧이 여호와의 전 새 뜰 앞에서 유다와 예루살렘의 회중
가운데 서서 대하 20:3-5

그 결과는 더 놀랍습니다. 여호사밧의 이 기도가 구약에 기
록된 몇 안 되는 부흥의 역사를 가져왔기 때문입니다. 여호사
밧의 기도는 우리 시대에도 부흥의 역사를 가져올 수 있다는
희망을 줍니다.

온 백성이 전쟁 소식을 듣고 절망하고 있을 때, 여호사밧은
유다가 당한 위기가 육과 혈의 전쟁으로 인한 위기라고 생각
하지 않았습니다. 즉 영적 전쟁, 하나님이 참전하는 전쟁이라
믿었습니다. 그가 가장 먼저 무릎을 꿇은 이유입니다.

우리는 여호사밧의 기도를 통해서 도저히 승산이 없다고 생
각되는 위기를 만났을 때 기억해야 할 여섯 가지를 배울 수 있
습니다.

하나님이 다스리신다

첫째는, 하나님께서 우주의 모든 상황을 다스리신다는 것

을 기억하는 것입니다.

> 이르되 우리 조상들의 하나님 여호와여 주는 하늘에서 하나님이
> 아니시니이까 이방 사람들의 모든 나라를 다스리지 아니하시나
> 이까 주의 손에 권세와 능력이 있사오니 능히 주와 맞설 사람이
> 없나이다 대하 20:6

여호사밧은 우리 조상의 하나님, 즉 아브라함과 이삭과 야곱의 하나님이라고 선포합니다. 그 하나님은 유다는 물론 모든 나라를 다스리는 하나님이십니다. 하나님은 믿는 자의 하나님이면서 동시에 안 믿는 자의 하나님이십니다. 하나님은 선한 자의 하나님이실 뿐만 아니라 악한 자의 하나님이십니다. 선만 다스리는 것이 아니라 악도 다스리십니다. 즉 하나님은 창조주로서 온 우주 만물을 다스리시는 분입니다.

어떤 신학자가 하나님을 믿는 그리스도인에게 가장 어려운 일은 하나님을 믿는 것이라고 했습니다. 처음에는 그의 말이 무슨 뜻인지 언뜻 이해되지 않았습니다. 하지만 곰곰 곱씹어 보니 과연 그렇습니다. 하나님이 창조주이시며 온 우주를 다스리시는 분이라는 고백은 입술이 아니라 삶에서 이뤄져야 합니다. 하지만 많은 그리스도인이 입술로만 고백할 뿐 삶으로 고백하지 못하고 있습니다.

여호사밧이 국가적 위기 앞에서 이 고백을 한 것입니다. 정치적으로 타협을 시도하고 군대를 소집하여 전쟁 준비를 하기에 앞서 그는 하나님이 유다인의 하나님일 뿐 아니라 이방인의 하나님이라는 사실을 인정하고 고백합니다. 지금 시시각각 좁혀 들어오는 저 아람 연합군도 하나님이 다스리신다는 것을 고백합니다. 하나님이 내 상황을 아시고, 나의 모든 처지를 아실 뿐 아니라, 그것이 나의 죄로 인한 것이든 불가항력적인 주변 상황으로 인한 것이든, 그 문제를 해결하실 분이라는 것을 고백한 것입니다. 이 고백이 우리 가운데 있을 때 어떤 문제를 만나든 여호사밧처럼 무릎을 꿇을 수 있습니다.

아이와의 대화 속에서 기도를 어떻게 해야 하는지 종종 배웁니다. 제 딸이 어렸을 때 제게 이렇게 말했습니다.

"아빠는 목사님이니까 다 알지? 숙제 좀 도와줘. 아빠는 힘이 세지? 이것 좀 들어 봐. 아빠는 돈도 많지? 나중에 나 저거 사줘."

제 딸이 매우 영리합니다. 무언가를 요구하기 전에 일단 저를 한껏 올려놓습니다. 목사니까, 힘이 세니까, 돈이 많으니까 해달라고 요구하면 아무리 바빠도 아무리 힘들어도 딸아이가 요구한 것을 들어주고 싶습니다.

시편을 보면 다윗이나 아삽이 제 딸과 같은 기도를 했습니다. 곤고하고 위기가 닥쳤을 때 그들은 하나님을 한껏 높임으로써 문제 해결을 간구했습니다. 하나님이 기뻐하시는 기도입니다.

하나님이 모든 만물의 주관자라는 사실을 선포하는 것은 우리 삶의 모든 영역에서 하나님의 일하심을 인정하는 일입니다. 하나님이 모르시는 세상일이란 없습니다. 여호사밧처럼 하나님을 인정해야 합니다. 그러면 하나님도 우리를 인정하실 것입니다.

하나님은 그의 약속을 지키신다

둘째는, 하나님은 그의 약속을 반드시 지키시는 분이라는 것입니다.

여호사밧은 하나님의 약속을 근거로 기도를 했습니다. 이는 그가 평소에 하나님의 약속을 붙들고 묵상하던 사람이었음을 알려 줍니다. 프로 운동선수들은 시합에서 자기 기량을 한껏 발휘합니다. 그런데 중요한 시합에서 그들이 흔들리지 않고 자기 기량을 뽐낼 수 있는 것은 평소에 피땀을 흘리는 훈련을 했기 때문입니다. 평소에 어떤 상황에서도 훈련을 쉬지 않는 성실함과 꾸준함을 유지할 수 있었기에 경기장에서 자기 실력을 발휘할 수 있는 것입니다.

여호사밧도 마찬가지입니다. 그가 평소에 하나님의 말씀을 묵상하고 삶에서 붙들었기에 국가적인 이 절체절명의 순간에 하나님의 말씀을 근거로 기도할 수 있었던 것입니다.

우리 하나님이시여 전에 이 땅 주민을 주의 백성 이스라엘 앞에서 쫓아내시고 그 땅을 주께서 사랑하시는 아브라함의 자손에게 영원히 주지 아니하셨나이까 대하 20:7

여호사밧이 창세기 15장에서 하나님이 아브라함에게 하신 약속을 근거로 기도하고 있습니다. 수백 년 전에 하신 약속 즉, 하나님이 아브라함에게 가나안 땅을 영원히 주시겠다는 약속을 상기하고 있는 것입니다.

그들이 이 땅에 살면서 주의 이름을 위하여 한 성소를 주를 위해 건축하고 이르기를 만일 재앙이나 난리나 견책이나 전염병이나 기근이 우리에게 임하면 주의 이름이 이 성전에 있으니 우리가 이 성전 앞과 주 앞에 서서 이 환난 가운데에서 주께 부르짖은즉 들으시고 구원하시리라 하였나이다 대하 20:8-9

그러면서 솔로몬에게 하신 약속도 들춰냅니다. 우리가 성전에서 주께 부르짖으면 우리를 기근이나 환난이나 전염병에서 구해 주신다 하지 않았냐고 묻습니다. 실제로 여호사밧은 아람 연합군이 쳐들어온다는 소식을 듣고 먼저 기도로 무릎을 꿇었을 뿐 아니라 백성에게 성전에 모여 금식하며 기도하라고 명령했습니다.

옛적에 이스라엘이 애굽 땅에서 나올 때에 암몬 자손과 모압 자
손과 세일산 사람들을 침노하기를 주께서 용납하지 아니하시므
로 이에 돌이켜 그들을 떠나고 멸하지 아니하였거늘 이제 그들이
우리에게 갚는 것을 보옵소서 그들이 와서 주께서 우리에게 주신
주의 기업에서 우리를 쫓아내고자 하나이다 대하 20:10-11

여호사밧은 출애굽하던 당시를 기억하라고 말합니다. 하나
님의 명령으로 암몬과 모압과 세일산 사람들을 침공하지 않았
는데 그들이 이제 와서 유다를 침공하고 있다고 하나님께 호
소하고 있는 것입니다.

세상에서 가장 지혜로운 사람이 누구인지 아십니까? 하나
님의 약속을 주장하는 사람입니다. 자기의 재능이나 지식이나
학위나 건강으로 문제를 해결하는 사람이 아니라 하나님의 약
속을 근거로 문제를 해결해 달라는 사람이 세상에서 가장 유
능한 사람이며 지혜로운 사람입니다.

성경은 하나님의 약속을 곳곳에 증거하고 있습니다. 이 약
속을 우리가 당한 현실에서 기억해 내고 주장할 수 있을 때 우
리는 여호사밧처럼 지혜롭고 유능한 삶을 살 수 있습니다.

여호사밧은 '우리 땅'이라 하지 않고 '주의 기업'이라고 합니
다. 하나님이 선물로 주셔서 지키시고 보호하시는 땅이라는
의미입니다. 그런 땅을 아람 연합군이 빼앗으려 한다고 하나

님께 일러바치고 있습니다. 참으로 구체적으로 일러바치고 있습니다.

우리가 기도할 때 잊지 말아야 할 사실은 우리의 기도가 어디에 근거를 두고 있는가 하는 것입니다. 당연히 하나님께서 우리에게 하신 수많은 약속의 말씀에 근거해야 합니다. 하나님의 약속의 말씀에 근거해서 기도하는 것은 하나님의 뜻을 간구하는 귀중한 훈련이 됩니다. 비록 신앙이 어려 내 뜻을 간구하기 바쁘더라도 말씀에 근거해서 기도하는 훈련을 하다 보면 점점 하나님의 뜻을 알아 가고, 그 뜻을 따라 기도하게 됩니다. 잘못된 기도는 바르게 바뀌고 미숙한 기도는 성숙하게 변화하게 됩니다. 또한 말씀에 근거해서 기도하면 담대해집니다.

말씀이 없는 기도는 기복주의 신앙이 되기 쉽고, 말씀이 없는 치유는 신비주의에 빠지게 됩니다. 그러나 약속의 말씀에 근거한 기도는 하늘의 보좌를 움직입니다.

하나님만이 위기를 해결하실 수 있다

셋째, 하나님만이 우리가 당한 위기 상황을 해결하실 수 있다는 것입니다.

> 우리 하나님이여 그들을 징벌하지 아니하시나이까 우리를 치러 오는 이 큰 무리를 우리가 대적할 능력이 없고 어떻게 할 줄도 알지 못하옵고 오직 주만 바라보나이다 하고 대하 20:12

여호사밧의 이름은 '하나님께서 심판하신다'는 뜻을 갖고 있습니다. 성숙한 사람은 자신의 손에 피를 묻히지 않습니다. 다윗처럼, 여호사밧처럼 하나님께 상황을 일러바침으로써 하나님께 해결을 맡깁니다. 하나님께는 무슨 이야기든 해도 좋습니다. 하나님 앞에 털어놓지 않으면 어떤 식으로든 사람에게 털어놓게 됩니다. 그러면 일이 더 복잡하게 꼬일 가능성이 높습니다.

나를 배신하고, 중상모략하는 사람이 있습니까? 비겁하게 구는 그 때문에 울화통이 터집니까? 시편의 기자는 사람 앞에 잠잠할지라도 하나님께 일일이 털어놓고 일러바치고 심지어 험한 말로 저주를 내려 달라고까지 합니다. 왜 그렇습니까? 하나님의 일하심을 믿기 때문입니다. 하나님께서 내 손에 피를 묻히지 않도록 악인을 심판하실 줄 믿기 때문입니다.

여호사밧도 국가적 위기 앞에서 자기가 할 수 있는 일이 없다고 하나님께 하소연하고 있습니다. 나에게 해결할 힘이 있다고 여기는 사람은 기도하지 않습니다. 기도해도 덜 믿습니다. 내 통장에 잔고가 좀 있고 내 주변에 힘 있는 사람이 있다고 생각하면 위기가 닥쳐도 무릎을 꿇지 않습니다. 무릎을 꿇어도 간절하게 기도하지 않습니다. 그러므로 기도는 능력이 나에게 있지 않고 하나님께 있음을 고백하는 훈련입니다. 그러므로 내가 해결하기 힘든 위기는 나를 최대한 겸손하게 만들어 하나님만 바라보게 만듭니다. 하나님이 그 문제를 해결하심을 믿게 만듭니다.

수십만의 아람 연합군의 침공은 여호사밧의 오금을 저리게 만드는 위기였습니다. 이 위기가 여호사밧을 겸손하게 만들어 하나님만 바라보게 만들었습니다. 이스라엘의 역사상 많은 왕들이 위기 앞에서 하나님만이 우리의 해결책이라는 사실을 무시했습니다. 하나님이 아니라 주변의 힘 있는 사람과 국가를 의지했습니다. 그들은 여호사밧보다 능력이 뛰어나지도 않았고 강한 군사력을 갖고 있지도 않았습니다. 그런데도 겸손할 줄 몰라 하나님께 무릎을 꿇지 않았습니다.

여호사밧의 기도는 "주님 항복합니다. 살려 주십시오. 주만 바라봅니다"라는 겸손의 기도였습니다. "나는 아무것도 할 수 없습니다. 주님이 해결해 주십시오" 하는 간절한 믿음의 기도였습니다.

"나의 끝이 하나님의 시작이다"는 말이 있습니다. 여호사밧과 이스라엘 백성은 이제 죽음밖에 없다는 절박한 상황에서 하나님의 도움을 구했습니다. 그때 하나님의 신이 임하셨다고 합니다. 다시 말해 기도할 때 성령이 임하셨다는 것입니다. 그러므로 넷째는, 하나님이 우리의 구원자라는 사실입니다. 하나님의 신이 아삽 자손 맛다냐의 현손 야하시엘에게 임했습니다.

> 여호와의 영이 회중 가운데에서 레위 사람 야하시엘에게 임하셨으니 그는 아삽 자손 맛다냐의 현손이요 여이엘의 증손이요 브나야의 손자요 스가랴의 아들이더라 대하 20:14

여호사밧과 온 백성이 기도하자 하나님의 신이 선지자 야하시엘에 임하여 기도의 응답을 주십니다.

> 야하시엘이 이르되 온 유다와 예루살렘 주민과 여호사밧왕이여 들을지어다 여호와께서 이같이 너희에게 말씀하시기를 너희는 이 큰 무리로 말미암아 두려워하거나 놀라지 말라 이 전쟁은 너희에게 속한 것이 아니요 하나님께 속한 것이니라 대하 20:15

하나님은 선지자를 통해 두려움에 떨고 있는 이스라엘 백성에게 두 번(15, 17절)이나 두려워하지 말라고 강조해서 말씀하십니다. 그리고 그 이유가 이 전쟁이 하나님께 속한 것이기 때문이라고 하십니다.

약속에 근거한 기도를 했더니, 하나님을 인정하는 기도를 했더니, 하나님이 우리 문제의 해결자이심을 기도했더니, 나의 적들은 하나님의 적들로 변하고, 하나님은 '내가 이 전쟁에 나선다'라고 말씀하신 것입니다.

제가 미국에서 목회할 때 결혼식 주례를 서곤 했습니다. 그때 제가 짧은 영어로 신랑과 신부에게 "**Your problems are my problems**"이라고 서로 말해 달라고 주문했습니다.

"**From now on, your problems will be my problems. And I will take of them.**"

'이제부터 사랑하는 당신의 모든 문제는 내 문제야. 내가 해결해 줄게. 당신의 대적들은 다 내 대적들이야. 내가 물리쳐 줄게'라는 의미입니다. 15절의 말씀은 바로 하나님이 유다 백성의 문제를 내 문제로 여기겠다, 유다가 당한 위기를 해결해 주겠다고 말씀하신 것입니다.

하나님은 우리에게 찬양받기 원하십니다. 하나님은 우리에게 높임받기를 원하십니다. 이유는 단 한 가지, 하나님이 곧 우리의 아버지이기 때문입니다. 우리의 아버지이기 때문에 우리가 호소할 때 발벗고 나서서 문제를 해결해 주십니다. 창조주 하나님이 나섰으니 이제 두려워할 이유가 없습니다. 위기 가운데 있다면, 도무지 해결할 수 없는 문제가 있다면, 하나님께 그 해결책이 있음을 믿으십시오. 우리의 처지를 잘 아시는 우리의 아버지가 해결해 주실 것입니다.

다만 하나님을 전적으로 신뢰하라

전쟁은 여호와께 속했으니 이제 우리는 안심해도 됩니다. 그런데 이때 우리가 할 일이 하나 있습니다.

> 내일 너희는 그들에게로 내려가라 그들이 시스 고개로 올라올 때에 너희가 골짜기 어귀 여루엘 들 앞에서 그들을 만나려니와 이 전쟁에는 너희가 싸울 것이 없나니 대열을 이루고 서서 너희와 함께한 여호와가 구원하는 것을 보라 유다와 예루살렘아 너희는 두려워하지 말며 놀라지 말고 내일 그들을 맞서 나가라 여호와가 너희와 함께하리라 하셨느니라 하매 대하 20:16-17

하나님이 이 전쟁에서 우리에게 원하시는 한 가지는 바로 전적인 신뢰입니다. 이것이 바로 다섯째입니다. 내가 싸울 거니까 너희는 다만 믿으라는 것입니다. 상상해 보십시오. 적이

코앞까지 왔습니다. 말발굽과 군대의 발자국 소리가 지축을 흔들며 내 목숨을 위협합니다. 그런데도 전쟁을 위한 작전 계획도 짜지 말고 칼과 활을 챙기지도 말고 다만 지켜보라 하십니다. 그들의 함성소리를 들으면 온몸에 가시가 쭈뼛쭈뼛 섭니다. 그런데도 가만히 서서 지켜보라 하십니다. 하나님의 이같은 명령은 전적인 신뢰를 요구하신 것입니다.

뒤에는 애굽의 전차 군대가 쫓고 앞에는 홍해가 길을 막는 상황에서 모세는 두려워 떠는 백성에게 이렇게 말했습니다.

> 모세가 백성에게 이르되 너희는 두려워하지 말고 가만히 서서 여호와께서 오늘 너희를 위하여 행하시는 구원을 보라 너희가 오늘 본 애굽 사람을 영원히 다시 보지 아니하리라 여호와께서 너희를 위하여 싸우시리니 너희는 가만히 있을지니라 출 14:13-14

"The Lord will fight for you: you only need to be still." 여호와께서 너희를 위하여 싸우시리니 단지 잠잠하라 하십니다. 앞으로도 뒤로도 후퇴할 수 없는 절체절명의 위기에서 이스라엘 백성이 할 일은 다만 잠잠히 하나님을 신뢰하는 것이었습니다. 여호사밧의 시대에도 하나님이 요구하신 것은 '다만 가만히 지켜보라'입니다.

가장 큰 기적은 언제나 가장 큰 위기 속에서 연출됩니다. 전적으로 신뢰하며 믿음으로 기도하면 구체적인 하나님의 응답이 임합니다. 그래서 하나님의 뜻을 간구하는 사람은 그 뜻을 이행할 믿음의 준비가 되어 있어야 합니다. 어차피 앞으로도 갈 수 없고 뒤로도 후퇴할 수 없는 상황입니다. 싸울 수도 도망갈 수도 없습니다. 이때 우리가 할 일은 하나님을 전적으로 신뢰하는 것입니다. 이것이 우리가 전쟁에 임할 때 준비할 전부입니다.

하나님을 전적으로 신뢰하는 자에게 승리를 주신다

야하시엘을 통해 하나님의 말씀이 전해졌을 때 여호사밧과 유다 백성은 몸을 굽혀 얼굴을 땅에 대고 하나님을 경배했습니다. 그핫 자손과 고라 자손 즉 레위 사람들은 심히 큰 소리로 이스라엘 하나님 여호와를 찬송했습니다. 여호사밧은 백성들에게 하나님을 신뢰하고 하나님의 말씀을 전하는 선지자를 신뢰하라고 말했습니다.

이에 백성들이 아침에 일찍이 일어나서 드고아 들로 나가니라 나갈 때에 여호사밧이 서서 이르되 유다와 예루살렘 주민들아 내 말을 들을지어다 너희는 너희 하나님 여호와를 신뢰하라 그리하면 견고히 서리라 그의 선지자들을 신뢰하라 그리하면 형통하리라 하고 대하 20:20

그런 다음 하나님을 찬양하는 성가대를 맨 앞에 세워 행군하며 찬양하게 했습니다.

> 백성과 더불어 의논하고 노래하는 자들을 택하여 거룩한 예복을 입히고 군대 앞에서 행진하며 여호와를 찬송하여 이르기를 여호와께 감사하세 그의 인자하심이 영원하도다 하게 하였더니 대하 20:21

그때였습니다. 유다를 치러 온 구름 떼 같던 암몬과 모압과 세일산 민족들이 서로가 서로를 죽이며 자멸하기 시작했습니다. 화살 하나 쏘지 않았지만, 다만 가만히 서서 지켜보았을 뿐이지만, 유다는 전쟁에서 승리했습니다. 뿐만 아니라 연합군이 남긴 전리품을 3일이나 걸려 수거했습니다.

여호사밧이 넷째 날부터 전쟁에서 대신 싸우신 하나님을 브라가 골짜기에서부터 예루살렘에 입성하기까지 찬양했다고 성경은 전하고 있습니다(대하 20:26). 기도 응답 후 이런 감사의 자세가 중요합니다. 하나님은 하나님을 신뢰하는 자들에게 커다란 기쁨을 주십니다. 이것이 우리가 위기 가운데 기억해야 할 여섯 번째입니다.

> 유다와 예루살렘 모든 사람이 다시 여호사밧을 선두로 하여 즐겁게 예루살렘으로 돌아왔으니 이는 여호와께서 그들이 그 적군을

이김으로써 즐거워하게 하셨음이라 그들이 비파와 수금과 나팔

을 합주하고 예루살렘에 이르러 여호와의 전에 나아가니라 대하

20:27-28

하지만 유다를 대적하는 무리에겐 커다란 공포가 임했습니다.

이방 모든 나라가 여호와께서 이스라엘의 적군을 치셨다 함을 듣

고 하나님을 두려워하므로 대하 20:29

두려워하는 주체가 바뀌었습니다. 처음에는 여호사밧과 유
다가 두려워했으나 하나님의 임재하심으로 태세가 전환되자
유다를 대적한 연합군이 두려워하게 되었습니다.

여호사밧의 나라가 태평하였으니 이는 그의 하나님이 사방에서
그들에게 평강을 주셨음이더라 대하 20:30

유다는 하나님이 주신 평강을 누렸다고 합니다. 이때 평강
은 하나님이 주실 수 있는 모든 평강을 말합니다. 유다와 여호
사밧이 하나님이 주신 평강을 누릴 수 있었던 것은 그들이 위
기 가운데서 하나님을 경험했기 때문입니다.

저는 4대째 믿는 가정에서 나고 자랐습니다. 어렸을 때부터

증조할머니와 할머니 할아버지, 외가의 할머니 할아버지 그리고 아버지 어머니의 기도를 듣고 자랐습니다. 그 기도 소리는 살아오는 동안 저의 가장 큰 영적 자산이 되고 있습니다. 그분들이 자주 부른 찬송가(445장)가 아직도 귓가에 생생하게 울려 옵니다.

태산을 넘어 험곡에 가도 빛 가운데로 걸어가면
주께서 항상 지키시기로 약속한 말씀 변치 않네
하늘의 영광 하늘의 영광 나의 맘 속에 차고도 넘쳐
할렐루야를 힘차게 불러 영원히 주를 찬양하리

우리 선조들은 태산을 넘어 험곡에 이르는 삶의 위기 가운데서도 하나님을 찬양하기 위해 교회를 다녔고 하늘의 영광이 넘치는 놀라운 역사를 일궈 냈습니다.

기도는 사람이 하나님께 나아갈 수 있는 가장 큰 통로이며, 왕이신 주님의 능력을 이 땅에서 경험할 수 있는 길이자 축복입니다. 우리 교회에는 주일이면 매 예배마다 기도정병단이라는 이름의 중보기도팀이 설교와 예배를 위해 기도하고 있습니다. 주중에는 중보기도 헌신자들의 끊어지지 않는 찬양과 기도 소리가 중보기도실을 채웁니다. 그분들 중에는 나이 많으신 장로님들과 권사님들과 제직들도 다수 계십니다. 하나님께는 그보다 곱고 아름다운 소리가 없습니다. 이분들의 기도와 찬양으로 인해 우리가, 우리 교회가, 한국 교회가 위기 가운데에서도 꿋꿋이 세워진다고 생각합니다.

만족하고 감사하되 안주하지는 마십시오. 하나님께서 우리에게 베푸신 축복들에 만족하되 거기에 안주함으로써 기도를 잃는 삶이 되어서는 안 됩니다. 기도를 게을리하는 순간 우리는 죄를 범하게 됩니다. 기도를 쉬는 순간 우리의 영적 장막이 무너집니다. 인생의 위기는 하나님께서 누구신지를 경험할 수 있는 최고의 기회입니다. 바라기는 저 역시 설교 잘하는 목사가 아니라 기도하는 목사로 기억에 남았으면 합니다. 무릎 꿇는 삶으로 하나님께 영광을 올려 드리고 싶습니다.

인생의 골짜기에서 기억해야 할 6가지

① 하나님이 우주의 모든 상황을 다스리신다

② 하나님은 그의 약속을 반드시 지키신다

③ 하나님만이 위기를 해결하실 수 있다

④ 하나님은 구원자요 문제의 해결자이시다

⑤ 다만 하나님을 전적으로 신뢰한다

⑥ 하나님을 전적으로 신뢰하는 자에게 승리를 주신다

하늘 문을 여는 기도

하나님, 땅에 사는 저희에게, 죽을 수밖에 없는 저희에게 하늘의 문을 열 수 있는 특권을 주신 것 감사합니다. 여호사밧과 남유다 백성을 통해 말씀에 근거하여 기도할 때 절망이 찬양으로 바뀐다는 것을 알았습니다. 하나님은 모든 상황을 아시고 다스리시는 분임을 고백합니다. 주님의 약속을 간구할 때 반드시 약속을 이행하시는 하나님임을 고백합니다. 그 하나님을 전적으로 믿고 의지할 때 우리에게 승리를 주실 것을 믿습니다. 위기의 순간 우리의 절망이 찬양이 되도록 역사하시는 우리의 구원자 되시는 하나님만 의지하게 하옵소서. 인생의 위기 가운데 하나님의 약속을 기억하고 묵상하며 그 말씀을 붙잡고 기도할 수 있는 저희의 믿음이 되도록 인도하옵소서. 우리의 절망적인 골짜기가 예배의 장소가 될 수 있도록 역사하여 주옵소서.

예수님의 이름으로 기도드렸습니다. 아멘.

2

위기 때 하나님을 경험하는 기도의 원리

역대하 20장 1-30절

고난 가운데 있으면 눈이 밝아져 보이지 않던 것이 보일 때가 있습니다. 위기 상황이 아니라면 몰랐을 진실이 어느 날 갑자기 깨달아지는 것입니다. 그동안 철칙으로 믿었던 신념의 정체가 얼마나 허무한 것인가가 깨달아지고, 진정한 우정을 나누고 있다고 믿었던 친구가 사실은 이해관계에 불과했다는 사실이 드러납니다. 형편없는 믿음 생활이 드러나 창피해지는 가 하면, 믿었던 하나님이 의심스러워지기도 합니다. 또한 도무지 믿을 수 없었던 하나님이 살아 역사하시는 하나님으로 믿어지기도 합니다. 그래서 위기는 또 다른 기회입니다.

신앙에서도 위기는 기회입니다. 위기가 닥치면 그 어느 때보다 간절히 하나님을 찾게 됩니다. 건성으로 하던 주기도문조차 진심을 다해 기도하게 됩니다. 이때 우리는 하나님을 경험하게 됩니다. 하나님이 어떤 분인지, 고난 가운데 있는 내 삶에 하나님은 어떤 식으로 개입하고 계시는지, 미래의 내 삶을 어떻게 디자인하고 싶어 하는지 차츰차츰 눈이 밝아지듯 깨닫게 됩니다. 기도하지 않으면 절대로 알 수 없는, 절대로 경험할 수 없는 하나님을 알고 깨닫고 경험하게 되는 것입니다. 그래서 신앙인에게 위기는 기회입니다.

하나님을 경험하는 기도, 어떻게 해야 할까요?

남왕국을 통틀어 여호사밧만큼 정치를 잘한 인물도 드물 것입니다. 주변의 약소국들이 유다에 조공을 바칠 정도였으니, 그의 집권 시절 유다는 꽤 부흥했습니다. 그는 이방 신전을 부수고 예배의 회복을 위해 개혁 운동을 펼친 왕이기도 했습니다. 그의 시절 나라가 번성한 것은 하나님의 축복이 있었기 때문입니다.

하지만 사람은 축복을 받은 뒤에 변심을 하는 것이 문제입니다. 여호사밧도 예외가 아니었습니다. 그는 북이스라엘의 왕 중 가장 사악한 왕으로 꼽히는 아합과 연정(聯政)을 했습니다. 이방 신전을 부수고 종교개혁을 일으킨 덕분에 축복을 받은 여호사밧이 이방신에게 머리를 조아리는 아합과 인척 관계를 맺을 만큼 매우 각별하게 지낸 것입니다.

역대하 18장에서 아합이 아람군과 싸우다 전사하는 장면이 나옵니다. 이때 여호사밧이 아합과 연합하여 전쟁터에 나가게 됩니다. 여호사밧으로서는 북이스라엘과 연합해 군사 17만 명으로 아람을 대적하는 것이니 승산이 있다고 믿었을 것입니다. 하지만 결과는 참패였고, 여호사밧은 하마터면 이 전쟁에서 죽을 뻔하였거니와, 얼마 후 아람이 주변국들과 연합해 유다를 침공하는 빌미가 되었습니다.

정치적으로는 유능했으나 영적으로는 둔감한 여호사밧을 일깨우려고 하나님은 아람 연합군을 일으켜 그를 대적하게 하셨습니다. 수십만 대군이 유다를 침공한 것입니다. 이때 유다는 얼마 전에 아합이 참패한 전쟁까지 떠올리며 두려움에 떨었습니다. 그들의 위용 앞에서 맥을 못 추고 낙망하고 절망했습니다.

그런데 놀랍게도 여호사밧은 이 전쟁이 육의 전쟁이 아니라 영의 전쟁이라는 것을 간파합니다.

> 우리 하나님이여 그들을 징벌하지 아니하시나이까 우리를 치러 오는 이 큰 무리를 우리가 대적할 능력이 없고 어떻게 할 줄도 알지 못하옵고 오직 주만 바라보나이다 하고 유다 모든 사람들이 그들의 아내와 자녀와 어린이와 더불어 여호와 앞에 섰더라
>
> 대하 20:12-13

가슴이 뭉클해지는 장면이 아닐 수 없습니다. 우리는 아무것도 할 수 없다는 여호사밧의 고백도 감동적이지만 유다의 남녀와 노소가 다 같이 하나님 앞에 섰다니, 이 얼마나 아름다운 장면입니까. 온 유다가 하나님 외에는 다른 방법이 없다는 것을 인정하고 한목소리로 도와달라고 간구하고 있는 것입니다. 한 나라의 왕이 영적으로 깨어나자 온 백성이 영적 각성을

하고 있습니다. 그만큼 당시 백성이 느낀 위협이 절박했다는 의미이기도 합니다.

사실 여호사밧은 아람 군대의 1차 침공 때 패배한 후 하나님께 회개하고 백성들을 하나님 앞에 온전하게 인도하기 위해 애를 썼습니다.

> 여호사밧이 예루살렘에 살더니 다시 나가서 브엘세바에서부터 에브라임 산지까지 민간에 두루 다니며 그들을 그들의 조상들의 하나님 여호와께로 돌아오게 하고 대하 19:4

여호사밧의 위대한 점이 바로 이것입니다. 그는 축복에 취해 교만해져서 실수도 하고 허물도 있었지만, 실패 후 각성하였고, 온 백성을 바른 길로 인도하려는 리더였습니다. 지금도 아람 연합군이 대오를 이뤄 쳐들어오자 금식과 기도를 선포하여 온 백성이 하나님 앞에 겸허히 돌아올 것을 촉구했습니다.

많은 경우, 위기를 만나면 가장 먼저 내가 할 수 있는 것이 무엇인가부터 살피게 됩니다. 내 힘으로, 내 능력으로, 내 주변의 힘을 빌려서라도 할 수 있는 일이 무엇인지 헤아립니다. 하지만 여호사밧은 한눈팔지 않고 곧바로 하나님께 무릎을 꿇었습니다. 뿐만 아니라 백성들에게 함께 기도할 것을 명령했습니다. 1차 전쟁에서 패배의 원인을 깨달았기 때문입니다. 전쟁은 숫자로 싸우는 것이 아니라는 걸 깨달은 것입니다.

그러자 최악의 상황이 역전되기 시작했습니다. 금식기도는 우리의 신앙을 1차원에서 영적인 세계로 끌어올립니다. 금식은 내 상황의 절박함을, 삶의 곤고함을 하나님 앞에 나타내는 동시에 육신의 소욕을 잠재우고 하나님의 소리에 귀 기울이게 하는 영적 무기입니다. 유다는 위기 앞에서 손에 활과 창을 드는 대신 금식과 기도라는 영적인 무기를 들었습니다. 전쟁에 나가 싸우려면 무엇보다 배를 든든히 채워 힘을 비축해야 합니다. 그런데 유다는 밥을 먹는 대신 배를 비우면서까지 영적인 무기인 금식을 택했습니다. 육신으로 배가 고플지언정 성령으로 배가 부르는 것을 택한 것입니다.

우리는 여기서 우리가 힘을 기울여 싸우는 것은 혈과 육의 싸움이 아니라 영적인 싸움이라는 사실을 배우게 됩니다. 영적인 싸움에서 내가 가진 무기나 능력이나 지식은 무용합니다. 영적인 싸움은 내가 싸우는 것이 아니라 하나님이 싸우시는 것이기 때문입니다. 그러므로 위기가 닥쳤을 때 가장 먼저 명심할 일은, 이 싸움은 내가 싸울 수 없다는 것을 인정하는 것입니다. 그런 다음 금식하며 하나님께 절박한 심정으로 부르짖는 것입니다. 나는 아무것도 할 수 없으니 하나님이 대신 싸워 달라고 절박하게 부르짖는 것입니다.

마가복음 9장에서 제자들이 귀신 들린 아이를 치유하지 못하고 쩔쩔매자 예수님이 귀신을 쫓는 사건이 나옵니다. 이때 제자들이 자신들은 왜 주님이 주신 능력을 베풀 수 없는지 묻자 예수님이 이렇게 대답하십니다.

기도 외에 다른 것으로는 이런 종류가 나갈 수 없느니라 막 9:29

KJV 성경이나 헬라어 원어를 보면 "기도(와 금식) 외에는"으로 되어 있습니다. 이 말씀은 곧 제자들이 절박한 마음으로 기도하지 않았고 절박한 심정으로 영혼들을 돌보지 않았다는 것을 의미합니다. 이는 곧 예수님은 하나님의 아들이심에도 불구하고 절박한 마음으로 기도하고 금식했다는 것을 의미합니다. 절박한 심정으로 기도할 때 하나님이 응답하십니다.

하는 모든 일이 잘될 때 우리는 기도하지 않습니다. 절박하지 않기 때문에 기도하지 않고 기도하더라도 마음을 다해 하지 않습니다. 그러면 하나님을 경험할 수 없습니다. 그러므로 모든 일이 잘될 때 도리어 신앙이 더 위험할 수 있습니다.

말씀에 근거하여 기도하라

말씀이 없는 기도는 아무리 오래 기도해도 미숙한 기도이며 미신적인 기도일 수밖에 없습니다. 성숙하고 안전한 기도는 하나님의 약속의 말씀에 근거하는 기도입니다. 오늘날 한국 교회가 어려움을 겪는 이유도 기도에 말씀이 없었기 때문이라고 생각합니다. 기도로 부흥하고 성장했지만, 그 한계가 오늘날 우리가 겪는 어려움으로 드러난다고 생각합니다. 물론 한국 교회가 성장한 1970~1980년대에는 먹고사는 것이 가장 큰일이었기에 기도도 거기에 매달릴 수밖에 없었습니다. 그렇다 보니 기복적인 신앙으로 흐르게 되었지요. 하지만 지금은 그때와 천양지차로 달라졌습니다. 기도의 내용도 그때와 달라져야 하는 것입니다.

기복신앙은 하나님을 내 문제를 해결해 주는 해결사로 만들어 버립니다. 문제만 주고받는 문제 은행 같아서 하나님과 나 사이에 온전한 관계도 친밀한 관계도 형성되지 못합니다. 이미 답을 정해 놓고 하는 기도는 협박에 가깝습니다. 물론 신앙이 어릴 때는 협박 같은 기도도 하나님께서 들어주십니다. 하지만 나이가 들어도 계속해서 하나님께 협박만 한다면 아무리 귀한 자식이라도 들어줄 수 없습니다. 정상적인 성장을 위해서라도 그런 협박은 들어주어선 안 됩니다.

우리 신앙의 모범이 되시는 예수님은 철저하게 하나님 말씀에 근거하여 사역을 하고 기도를 하셨습니다. 십자가 고난을 앞에 두고 할 수만 있다면 이 잔을 피하게 해달라고 기도하신 예수님, 그러나 예수님은 끝내 "그러나 나의 원대로 마옵시고

아버지의 뜻대로 하옵소서"라고 기도하셨습니다. 고난을 피하
게 해달라는 기도도 아버지의 뜻을 따르겠다는 기도도 저에겐
큰 도전이 됩니다. 숨김 없이 마음을 표현하는 기도이자 하나
님의 뜻을 순종하는 기도이기 때문입니다.

여호사밧의 위대한 점은 금식하고 기도하면서 마음에 하나
님의 말씀들을 떠올리기 시작했다는 것입니다. 저도 대부분의
설교 말씀들, 사역들, 아이디어들, 결단들이 기도하는 가운데
떠오릅니다. 그리고 그 생각들을 검증해 주는 것 역시 하나님
의 말씀입니다.

여러분도 모든 생각과 계획을 하나님 앞에 갖고 나아가 기
도하되 그에 합당한 말씀을 달라고 간구하십시오. 그리고 성
령께서 그 말씀을 마음에 확증해 주시면, 그 말씀을 절대로 잊
지 말고 끝까지 인내하며 붙들고 기도하십시오. 여호사밧이
기도하는 가운데 하나님께서 과거에 이스라엘 백성과 약속하
신 세 가지를 떠올렸습니다. 그리고 이 세 가지를 붙들고 간절
히 부르짖었습니다.

1. 아브라함과의 언약(대하 20:6-7)

2. 솔로몬과의 언약(대하 20:8-9)

3. 출애굽 당시 맺은 시내산 언약(대하 20:10-11)

여호사밧의 기도는 하나님의 원초적인 약속의 말씀에 근거한 것이었습니다. 첫째는 창세기 15장에서 하나님의 친구 아브라함에게 약속하신 것 즉 이스라엘 백성에게 영원토록 땅을 선물로 주시겠다는 것입니다.

> 우리 하나님이시여 전에 이 땅 주민을 주의 백성 이스라엘 앞에서 쫓아내시고 그 땅을 주께서 사랑하시는 아브라함의 자손에게 영원히 주지 아니하셨나이까 대하 20:7

둘째는 솔로몬이 성전을 지어 주님 앞에 드렸을 때 무슨 일이 생기면 그 성전 앞에서 기도하는 것을 들어 주신다는 것입니다. 그래서 여호사밧도 성전에서 기도했습니다.

> 그들이 이 땅에 살면서 주의 이름을 위하여 한 성소를 주를 위해 건축하고 이르기를 만일 재앙이나 난리나 견책이나 전염병이나 기근이 우리에게 임하면 주의 이름이 이 성전에 있으니 우리가 이 성전 앞과 주 앞에 서서 이 환난 가운데에서 주께 부르짖은즉 들으시고 구원하시리라 하였나이다 대하 20:8-9

셋째는 이스라엘 선조들이 애굽 땅에서 나올 때 암몬 자손과 모압 자손과 세일산 사람들을 침공하는 것을 하나님께서

허락하시지 않았는데 지금 그들이 자신들을 공격한다고 일러
바쳤습니다.

> 옛적에 이스라엘이 애굽 땅에서 나올 때에 암몬 자손과 모압 자
> 손과 세일산 사람들을 침노하기를 주께서 용납하지 아니하시므
> 로 이에 돌이켜 그들을 떠나고 멸하지 아니하였거늘 이제 그들이
> 우리에게 갚는 것을 보옵소서 그들이 와서 주께서 우리에게 주신
> 주의 기업에서 우리를 쫓아내고자 하나이다 대하 20:10-11

저는 기도를 통해 설교 말씀의 단초를 제공받습니다. 그밖
의 사역이나 결단, 아이디어도 기도를 통해 나아갈 방향을 정
합니다. 기도할 때만큼 하나님이 제시하시는 해결책이 선명할
때가 없습니다. 그러나 기도한 후에는 반드시 말씀으로 검증
하는 과정을 갖습니다. 말씀이 없는 기도는 위험하기 때문입
니다.

기도 중에 하나님의 응답을 받았다면, 반드시 말씀으로 그
응답을 검증해 달라고 기도하시기 바랍니다. 그렇게 해서 검
증까지 받았다면 그 말씀을 마음에 품고, 끝까지 인내하며 나
의 시간이 아니라 하나님의 시간에, 하나님의 방법으로, 하나
님의 장소에서 이루어질 수 있도록 기도하십시오.

조지 뮐러는 기도의 응답을 5만 번 이상 받았다고 전해지는

데, 그 까닭이 있습니다. 그는 성경을 적어도 300번 이상 통독했을 만큼 말씀을 누구보다 잘 알았고, 그랬기에 어떤 기도가 응답되는지 잘 알았습니다. 말씀 안에서 기도하는 사람은 절대 실패하지 않습니다. 하나님의 뜻을 알기에 거기에 합당한 기도를 하기 때문입니다. 다시 말해 조지 뮐러는 하나님의 말씀에 근거해 기도했고 그 뜻에 합당한 응답을 받았던 것입니다. 하나님의 말씀에 근거해서 기도하는 것은 하나님의 뜻을 간구하는 귀중한 훈련이 됩니다.

이끌림을 받아 기도하라

기도 응답은 이끌림을 받는 가운데 평안으로 옵니다. 기도는 내 뜻이 하늘에서 이루어지는 것이 아니라, 하늘의 뜻이 나의 기도를 통하여 이루어지는 것입니다. 때문에 기도하며 말씀을 붙드는 사람은 자연스럽게 성령께서 역사하셔서 기도하는 그 사람을 이끄십니다.

구약의 선지서들에는 하나님과 선지자들 간에 나눈 대화들이 기록되어 있습니다. 그 대화가 곧 기도입니다. 기도를 통해 하나님께서 선지자들을 하나님의 뜻으로 이끄시는 것을 보게 됩니다. 에스겔, 다니엘, 예레미야, 이사야 같은 선지자들을 환상 가운데 데리고 다니시기도 하고 질문과 대답을 나누시기도하고, 한편으로 선지자들이 하나님께 항변하기도 합니다. 우리는 선지서들을 통해 기도란 어떤 것인가를 배울 수 있습니다. 그동안 우리가 기도에 대해 오해한 것들이 무엇인지 깨달을 수 있습니다.

> 야하시엘이 이르되 온 유다와 예루살렘 주민과 여호사밧왕이여 들을지어다 여호와께서 이같이 너희에게 말씀하시기를 너희는 이 큰 무리로 말미암아 두려워하거나 놀라지 말라 이 전쟁은 너희에게 속한 것이 아니요 하나님께 속한 것이니라 대하 20:15

하나님은 이 최악의 전쟁이 하나님께 속한 것이라고 말씀해 주십니다. 우리가 기도로 하나님께 내 상황을 아뢰면, 그때부터 그 상황의 주인은 내가 아니라 하나님이 되십니다. 하나님께서 이것은 너에게 속한 전쟁이 아니라고 하실 때 우리 마음은 비로소 평강을 얻게 됩니다.

그런데 이때 기도의 능력을 체험하려면 꼭 기억해야 하는 것이 있습니다. 하나님께서 이것은 너에게 속한 전쟁이 아니라고 말씀하셨다면, 그때부터 사람도 상황도 문제도 하나님께 전적으로 맡기는 것입니다. 내가 붙들고 있던 어떤 것에도 완벽하게 손을 떼는 것입니다. 그리고 다만 지켜보는 것입니다. 그래야 이 상황을 해결하신 분이 하나님이라는 사실을 분명하게 알 수 있습니다.

> 내일 너희는 그들에게로 내려가라 그들이 시스 고개로 올라올 때
> 에 너희가 골짜기 어귀 여루엘 들 앞에서 그들을 만나려니와 이
> 전쟁에는 너희가 싸울 것이 없나니 대열을 이루고 서서 너희와
> 함께한 여호와가 구원하는 것을 보라 유다와 예루살렘아 너희는
> 두려워하지 말며 놀라지 말고 내일 그들을 맞서 나가라 여호와가
> 너희와 함께하리라 하셨느니라 하매 대하 20:16-17

모든 상황을 하나님께 맡겼더니 하나님께서 "두려워 말라"
면서 "내가 너희를 어떻게 구원하는지 지켜보라"고 말씀하십
니다. 이것이 곧 이끌림을 받는 상황입니다.

순종하며 기도하라

절박함으로 기도하고 말씀에 근거해서 기도하며 이끌림을
받는 기도까지 했더라도 마지막에 순종하지 못해서 하나님의
능력을 체험하지 못하는 사람들이 많습니다. 유다 백성은 이
마지막 순종까지 성공함으로써 하나님의 능력을 체험할 수 있
었습니다.

유다는 하나님의 말씀을 따라 찬양팀을 조직하여 자신들 대

신 전쟁을 하시는 하나님을 찬양했습니다. 하나님이 아람 군대와 전쟁을 하시는 동안, 이스라엘은 치어리더가 된 것입니다. 올림픽이나 월드컵 경기에서 우리나라 선수들이 필드에서 뛸 때 국민들이 목청껏 응원하며 환호하는 것과 비슷한 맥락입니다. 국가와 민족의 이름을 걸고 나를 대신해서 싸워 주는 그들을 위해 힘껏 응원하는 것이 우리가 할 일이라는 것을 굳이 말하지 않아도 아는 것입니다.

이에 백성들이 아침에 일찍이 일어나서 드고아 들로 나가니라 나갈 때에 여호사밧이 서서 이르되 유다와 예루살렘 주민들아 내 말을 들을지어다 너희는 너희 하나님 여호와를 신뢰하라 그리하면 견고히 서리라 그의 선지자들을 신뢰하라 그리하면 형통하리라 하고 백성과 더불어 의논하고 노래하는 자들을 택하여 거룩한 예복을 입히고 군대 앞에서 행진하며 여호와를 찬송하여 이르기를 여호와께 감사하세 그의 인자하심이 영원하도다 하게 하였더니 대하 20:20-21

말도 안 되는 일이 벌어지고 있습니다. 수십 만의 아람 군대가 시시각각 거리를 좁혀 오는데 백성이 활과 창으로 무장을 하는 대신 거룩한 예복을 차려입고 찬양을 하러 나가고 있습니다. 혈과 육에 대한 싸움이 아니라는 것을 아는 사람은 자신이 해야 할 일이 무엇인지 압니다.

> 그 노래와 찬송이 시작될 때에 여호와께서 복병을 두어 유다를
> 치러 온 암몬 자손과 모압과 세일산 주민들을 치게 하시므로 그
> 들이 패하였으니 곧 암몬과 모압 자손이 일어나 세일산 주민들을
> 쳐서 진멸하고 세일 주민들을 멸한 후에는 그들이 서로 쳐죽였더
> 라 대하 20:22-23

선봉에는 찬양팀이 서고, 그 뒤로 모든 백성이 하나님을 노래하자, 하나님의 군사들이 움직이기 시작했습니다. 아람 연합 군대에서 서로 죽고 죽이는 혼돈이 일어나더니 스스로 자멸하고 말았습니다.

영적 전쟁의 한복판에서 우리가 이미 경험한 하나님을 찬양하고 감사하는 일이 얼마나 중요한가를 보여 주고 있습니다. 아직 전쟁에서 승리한 것이 아닙니다. 하지만 백성은 승리가 내 손에 없어도 하나님을 찬양했습니다. 하나님의 약속의 말씀을 굳건히 붙잡고 순종으로 찬양과 감사를 올려 드렸습니다. 바울과 실라는 전도하다 옥에 갇히는 신세가 되었을 때, 오히려 하나님을 찬양했습니다. 그러자 옥문이 열리고 간수의 가족이 회심하는 기적이 일어났습니다.

절박함으로 기도하고 말씀에 근거해서 기도하며 이끌림을

받는 기도까지 한 뒤에 순종으로 하나님을 찬양했을 때 하나님의 군사가 일을 하기 시작합니다. 아람 연합군이 스스로 자멸한 뒤 그들이 남긴 전리품을 수거하는 데만 3일이 걸렸다고 성경은 기록하고 있습니다.

하지만 우리는 대개 반대로 행동합니다.

"하나님 제가 싸울 테니 하나님은 저를 응원해 주세요. 너무 간섭하지 마시고 가만히 지켜만 봐주세요."

내 뜻과 내 계획이 이뤄지는 기도 응답을 위해 우리는 하나님을 우리의 치어리더로 전락시켜 버립니다.

물론 가나안 정복처럼 우리가 싸워야 할 때가 있습니다. 이때는 하나님이 응원을 하십니다. 하지만 그 때와 방법은 내가 결정하는 것이 아니라 하나님이 정하십니다. 그리고 우리가 전쟁에 나가 싸울 때라도 그 전쟁은 하나님께 속한 것입니다. 주도권은 하나님께 있습니다. 그러므로 하나님께 맡기고 담대히 전쟁에 나서야 합니다.

> 우리 하나님이여 그들을 징벌하지 아니하시나이까 우리를 치러 오는 이 큰 무리를 우리가 대적할 능력이 없고 어떻게 할 줄도 알지 못하옵고 오직 주만 바라보나이다 하고 유다 모든 사람들이 그들의 아내와 자녀와 어린이와 더불어 여호와 앞에 섰더라
>
> 대하 20:12-13

이 장면을 생각할 때마다 가슴이 뭉클합니다. 내 안에 뜨거운 회개의 눈물이 솟아나는 것을 느낍니다. 얼마나 절박했으면 왕은 물론 모든 백성이 한마음으로 하나님 앞에 섰겠습니까. 그것도 남녀와 노소를 가리지 않는 엎드림이었습니다.

돌아보면, 제가 인생에서 경험한 실패와 어려움이 없었다면 저는 절대 하나님 앞에 무릎 꿇지 못하는 사람이었을 것입니다. 늘 성공하고 순조로운 인생을 살았다면 내 지식과 경험을 전적으로 믿고 의지했을 것입니다. 그러니 제 인생의 실패와 고난은 하나님의 은혜입니다.

코로나 팬데믹으로 말미암아 우리는 모두 하나님 앞에 서 있습니다. 개인과 가정, 교회와 민족, 남녀노소를 가리지 않고 모두 하나님 앞에 서 있습니다. 이때 우리가 취할 자세는 하나님만 바라보는 것입니다. 문제와 상황을 하나님께 전적으로 맡기고 하나님이 일하시도록 하는 것이 곧 우리가 할 일입니다. 그것이 기도의 핵심입니다. 그리고 그것이 기도의 능력을 체험하는 비결입니다.

여호사밧은 사실 평범한 왕이었습니다. 한때 산당과 미신을 척결해서 정직하고 경건하다는 칭찬도 받았지만, 예후, 엘리에셀, 에시온게벨, 미가야 같은 하나님의 선지자들로부터 네 번이나 책망을 받았습니다. 그의 교만으로 인해 온 나라가 위기에 빠지기도 했습니다. 이렇게 평범한 사람이 위기 앞에

서 하나님께 엎드려 간구하자 하나님은 상상도 못할 능력을
보여 주셨습니다. 평범한 사람이 비범한 사람을 이길 수 있는
비결이 바로 이것입니다. 나의 부족함을 인정하고 하나님을
전적으로 의지하는 것입니다.

위기 때
하나님을 경험하는
기도의 원리

① 나는 아무것도 할 수 없다는 절박함을 가지고 기도한다

② 하나님의 말씀에 근거하여 기도한다

③ 하나님께 전적으로 맡기고 이끌림을 받아 기도한다

④ 순종으로 하나님을 찬양하며 기도한다

하늘 문을 여는 기도

하나님, 이 큰 무리로 인하여 어쩔 줄 모르겠습니다. 할 수 있는 게 아무것도 없어서 오직 주만 바라봅니다. 유다 백성이 남녀와 노소를 가리지 않고 하나님 앞에 섰던 것처럼, 우리도 한마음 한목소리로 주님께 간구합니다. 하나님, 도와주옵소서. 우리가 당한 상황에 개입하여 주옵소서. 우리를 대신해서 싸워 주옵소서. 절박하게 기도하고 말씀에 근거해 기도하며 이끄심을 받아 기도함으로써 감사와 찬양으로 순종하는 우리가 되기를 기도합니다. 그때에 하나님의 군사가 일하셔서 승리를 경험하게 될 줄 믿습니다. 하나님을 체험하게 될 줄 믿습니다. 위기 속에 주저앉고 좌절하는 것이 아니라 우리가 생각지도 못한 놀라운 방법으로 역사하시는 살아계신 하나님의 능력을 체험할 수 있도록 우리를 주께서 인도하여 주옵소서.

예수님의 이름으로 기도드렸습니다. 아멘.

Part 2

능력이 하나님께 있음을 고백하는 훈련

엘리야의 기도

3

깊고 어두운 터널을 통과하는 원리

열왕기상 17장 1-24절

다윗이 이룩한 통일 왕국은 솔로몬의 영화를 끝으로 남유다와 북이스라엘로 나뉘어 분열의 시대를 걷게 되었습니다. 이로써 이스라엘의 찬란한 영화는 스러졌고, 여기에 더해 우상숭배를 일삼았으며 신앙적으로도 부패해졌습니다. 특히 북이스라엘의 아합왕은 이전의 어떤 왕보다 악한 왕이었다고 성경은 증언하고 있습니다. 북이스라엘은 주전 722년 앗시리아에 멸망당할 때까지 19명의 왕이 다스렸으나 성경은 그중 단 한 명도 하나님이 기뻐하시는 왕이 없었다고 말하고 있습니다. 그중에서도 특히 아합이 가장 악했다고 말합니다. 아합왕의 아내 이세벨은 항구 도시 시돈의 왕 엣바알의 딸입니다. 엣바알은 '바알과 함께한 자'라는 뜻입니다. 이세벨의 정체성을 알려 주는 이름입니다. 이세벨은 구약시대 가장 악명 높은 인물로 상징되기도 합니다.

이세벨의 영향으로 아합은 하나님의 선지자들을 잡아 죽이거나 옥에 가두는 등 핍박을 했습니다. 심지어 하나님의 제단을 파괴하고 대신에 바알 신당과 아세라 신전을 세웠습니다. 하나님은 이로 인해 심히 노하셨고(왕상 16:33), 한 선지자를 일으켜 아합을 벌하고 북이스라엘의 백성을 구원하려는 계획을 세우십니다. 그 한 사람이 바로 디셉 사람 엘리야입니다. 디셉은 길르앗의 변방으로 아무도 주목하지 않는 촌구석이었습니다. 하나님은 그런 촌구석에서 풋내기에 불과한 엘리야를 불러 하나님의 뜻을 세상에 전하는 선지자로 세우셨습니다. 이것이 세상의 악과 대항하는 하나님의 방식이라 할 수 있습니다.

우리는 여기서 하나님의 마음을 움직이는 방법 중 하나를 발견하게 됩니다. 바로 죄를 많이 지어서 하나님을 노엽게 하는 것입니다. 아니면 하나님의 사랑과 연민을 자극하는 것입니다. 애굽에서 노예 생활을 하던 이스라엘 백성의 절박한 울부짖음이 하나님의 마음을 움직였습니다.

아합과 이세벨은 이스라엘 땅 전역에 신학교를 세우고 이방 선지자들을 길러 냈을 뿐 아니라 백성들로 하여금 바알을 숭배하도록 했습니다. 이스라엘에 임한 3년 6개월의 가뭄은 바로 이 같은 종교적 부패를 배경으로 오래 참으시는 하나님이 심판으로 내리신 것입니다.

> 길르앗에 우거하는 자 중에 디셉 사람 엘리야가 아합에게 말하되 내가 섬기는 이스라엘의 하나님 여호와께서 살아 계심을 두고 맹세하노니 내 말이 없으면 수년 동안 비도 이슬도 있지 아니하리라 하니라 왕상 17:1

시골 출신 선지자 엘리야가 겁도 없이 아합왕을 찾아가서 이스라엘 땅에 수년 동안 비도 이슬도 내리지 않을 것이라고 선포하고 있습니다. 이스라엘에는 우기와 건기가 있는데, 우기 때는 사막에도 이슬이 내려 물로 이용했을 정도라고 합니다. 그런데 수년간 우기에도 비는 물론 이슬도 구경하지 못할 것이라는 겁니다.

엘리야는 아합왕에게 이 같은 예언을 한 뒤 가뭄을 위해 기도했다고 야고보서는 말하고 있습니다.

> 엘리야는 우리와 성정이 같은 사람이로되 그가 비가 오지 않기를 간절히 기도한즉 삼 년 육 개월 동안 땅에 비가 오지 아니하고 약 5:17

이 3년 6개월의 시간은 하나님이 이스라엘 땅에 내린 심판이기도 했지만, 한편으로 엘리야의 믿음이 시험당하고 성숙되는 훈련의 시간이기도 했습니다. 엘리야는 이 3년 6개월의 훈련을 통해 나중에 갈멜산 전투를 치러 내는 위대한 선지자로 성장하게 됩니다. 하나님은 앞으로 이방신들과 있을 영적 전투를 위해 엘리야를 '인내'라는 광야로 부르신 것입니다. 엘리야는 이 광야의 세월을 통과함으로써 믿음의 사람, 기도의 사람으로 거듭날 수 있었습니다.

이렇듯 위대한 선지자는 그냥 되는 것이 아니라 하나님의 훈련을 통과하는 시간이 쌓여서 되는 것입니다. 엘리야는 구약의 선지자들 중에 가장 많고도 큰 기적을 베푼 선지자 중 하나이며 선지자로서는 유일하게 죽음을 보지 않고 하늘로 승천한 선지자입니다.

본문에는 매우 흥미진진한 이야기가 세 가지 나옵니다. 우리는 이 세 이야기를 통해 하나님께서 엘리야를 어떻게 훈련하고 다듬어서 위대한 선지자로 성장시키셨는지를 보게 될 것입니다.

주신 이도 거두신 이도 하나님이다

여호와의 말씀이 엘리야에게 임하여 이르시되 너는 여기서 떠나 동쪽으로 가서 요단 앞 그릿 시냇가에 숨고 그 시냇물을 마시라 내가 까마귀들에게 명령하여 거기서 너를 먹이게 하리라 그가 여호와의 말씀과 같이 하여 곧 가서 요단 앞 그릿 시냇가에 머물매 까마귀들이 아침에도 떡과 고기를, 저녁에도 떡과 고기를 가져왔고 그가 시냇물을 마셨으나 땅에 비가 내리지 아니하므로 얼마 후에 그 시내가 마르니라 왕상 17:2-7

하나님은 엘리야를 그릿 시냇가로 이끌어 거기서 물과 음식을 먹이십니다. 까마귀가 아침 저녁으로 떡과 고기를 가져와 엘리야를 먹였다고 합니다. 그러나 곧 그릿 시냇가의 물이 말라 버렸습니다. 가뭄이 극심해졌음을 알 수 있습니다.

하나님은 엘리야를 먹이기도 하지만 물을 말라 목마르게도

하십니다. 광야의 시간을 지날 때 우리가 깨달아야 하는 것이 있습니다. 바로 우리의 필요를 채우시는 분도 거두어 가시는 분도 하나님이라는 사실입니다. 억울하게 오랜 세월 고난을 당한 욥도 하나님의 주권을 다음과 같이 인정했습니다.

> 이르되 내가 모태에서 알몸으로 나왔사온즉 또한 알몸이 그리로 돌아가올지라 주신 이도 여호와시요 거두신 이도 여호와시오니 여호와의 이름이 찬송을 받으실지니이다 하고 욥 1:21

기도의 응답이 지체될 때 우리는 주신 이도 취하신 이도 하나님이라는 사실을 깊이 깨달아야 합니다. 이 깨달음이 없다면 기도 응답을 받아도 그것을 주신 이가 하나님이라는 사실을 모릅니다. 오랜 시간 기도해서 기도 응답을 받고도 그것이 우연이라고 말하는 사람들을 종종 봅니다.

내려놓을 때 채워 주신다

여호와의 말씀이 엘리야에게 임하여 이르시되 너는 일어나 시돈에 속한 사르밧으로 가서 거기 머물라 내가 그곳 과부에게 명령하여 네게 음식을 주게 하였느니라 그가 일어나 사르밧으로 가서 성문에 이를 때에 한 과부가 그곳에서 나뭇가지를 줍는지라 이에

불러 이르되 청하건대 그릇에 물을 조금 가져다가 내가 마시게
하라 그가 가지러 갈 때에 엘리야가 그를 불러 이르되 청하건대
네 손의 떡 한 조각을 내게로 가져오라… 여호와께서 엘리야를 통
하여 하신 말씀같이 통의 가루가 떨어지지 아니하고 병의 기름이
없어지지 아니하니라 왕상 17:8-11, 16

시냇가에 물이 마르자 하나님은 엘리야가 머물 장소를 일러
주십니다. 그런데 사르밧 과부의 집이라니요. 하나님이 가리
킨 장소를 듣고 엘리야는 기가 막혔을 것입니다. 당시에 과부
란 이스라엘 사회에서 가장 불쌍한 사람입니다. 사르밧이라고
가뭄을 피할 수 없었을 테니 그 과부의 집은 그릿 시냇가보다
더 참담한 상황이었을 것입니다.

하지만 엘리야는 하나님의 말씀에 순종하여 사르밧의 과부
를 찾아갑니다. 과부를 보자마자 엘리야는 물과 먹을 것을 요
구합니다. 엘리야가 당시 얼마나 굶주렸는지 알 수 있는 대목
입니다. 이때 과부는 이렇게 말합니다.

그가 이르되 당신의 하나님 여호와께서 살아 계심을 두고 맹세하
노니 나는 떡이 없고 다만 통에 가루 한 움큼과 병에 기름 조금뿐
이라 내가 나뭇가지 둘을 주워다가 나와 내 아들을 위하여 음식
을 만들어 먹고 그 후에는 죽으리라 왕상 17:12

이 과부는 아마도 이방인이었을 것입니다. 엘리야가 자신이 하나님의 선지자라고 소개했을 테고, 그러자 여인이 자신은 아들과 함께 오늘 목숨을 스스로 끊을 것이라고 말합니다. 무슨 말입니까? "당신이 믿는 그 하나님, 당신이나 믿어라"라는 말입니다. 하나님이 계시다면 왜 이토록 고통스러운가, 하나님의 사람이라는 당신은 왜 나처럼 가난한 과부에게 물을 달라 하고 먹을 것을 달라 하는가, 따지고 있는 것입니다.

참으로 비참합니다. 과부에게 가서 먹을 것을 달라고 하는 엘리야나, 마지막 남은 양식을 먹고 죽겠다는 과부나 그 사정이 너무나 딱합니다. 그런데도 엘리야는 이렇게 말합니다.

> 엘리야가 그에게 이르되 두려워하지 말고 가서 네 말대로 하려니와 먼저 그것으로 나를 위하여 작은 떡 한 개를 만들어 내게로 가져오고 그 후에 너와 네 아들을 위하여 만들라 왕상 17:13

뻔뻔하지 않습니까? 모두 굶주려서 배가 고픈데 목사인 제가 교인들에게 나부터 먹고 마시겠다고 말하는 것이나 마찬가지입니다. 삶이 너무 고달파서 남은 음식을 먹고 죽겠다는데도 뻔뻔하게 그 남은 음식을 달라는 것입니다. 참으로 파렴치한 요구가 아닐 수 없습니다. 하나님의 명령이 아니었다면 엘리야도 그런 파렴치한 요구를 할 수 없었을 것입니다.

이스라엘의 하나님 여호와의 말씀이 나 여호와가 비를 지면에 내
리는 날까지 그 통의 가루가 떨어지지 아니하고 그 병의 기름이
없어지지 아니하리라 하셨느니라 왕상 17:14

엘리야가 하나님의 말씀을 대언하고 있습니다. 이때 여인
의 심정은 어땠을까요? 여인이 남은 음식을 엘리야에게 대접
한 것을 보면, 어차피 죽을 목숨이니 밑져야 본전이라는 심정
으로 엘리야의 말을 믿기로 한 것 같습니다.

그가 가서 엘리야의 말대로 하였더니 그와 엘리야와 그의 식구
가 여러 날 먹었으나 여호와께서 엘리야를 통하여 하신 말씀같이
통의 가루가 떨어지지 아니하고 병의 기름이 없어지지 아니하니
라 왕상 17:15-16

기적이 일어났습니다. 기적은 내가 악착같이 붙들고 있는
것을 내려놓을 때 일어납니다. 엘리야는 체면을 내려놓았습니
다. 얼마나 몰염치한 요구였습니까? 하지만 그는 몰염치에도
불구하고 하나님의 명령에 순종했습니다. 한편, 여인은 그가
가진 마지막 음식을 내려놓았습니다. 하나님을 알지 못하는
이방인이지만 엘리야의 말을 따라 순종해서 마지막 호사였던
음식을 내어주었습니다.

기도하며 주의 응답을 기다리는 사람에게 하나님은 우리의 편견, 판단, 경험, 지혜를 다 내려놓으라고 요구하십니다. 우리가 미련을 버리지 못하고 붙든 그것을 내려놓을 때 하나님은 비로소 응답하십니다. 우리를 구원하는 것은 우리가 가진 지식과 경험, 능력, 재능이 아니라 오직 하나님이라는 사실을 깨닫게 하시려고 하나님은 우리에게 모든 것을 내려놓을 것을 요구하십니다.

모든 게 하나님 소관이다

이 일 후에 그 집 주인 되는 여인의 아들이 병들어 증세가 심히 위중하다가 숨이 끊어진지라 왕상 17:17

얼마 전에 놀라운 기적을 체험한 엘리야입니다. 그 전엔 까마귀들이 음식을 물어다 주었습니다. 하나님이 먹이시고 입히시는 분임을 그는 지난 시간 동안 경험하고 체험했습니다. 그런데 이게 무슨 일입니까? 과부의 아들이 병이 들어 그만 죽고 말았습니다. 과부의 집에는 음식과 물이 떨어지지 않았습니다. 이 기적을 날마나 체험하는 중이었습니다. 이제 살 만하다는 행복감을 느끼는 과부를 배반이라도 하듯이 아들이 목숨을 잃고 말았습니다.

여인이 엘리야에게 이르되 하나님의 사람이여 당신이 나와 더불어 무슨 상관이 있기로 내 죄를 생각나게 하고 또 내 아들을 죽게 하려고 내게 오셨나이까 왕상 17:18

여인의 반응은 그가 아직 하나님을 전심으로 믿고 있지 않음을 보여 줍니다. 극심한 가뭄을 겪는 시대에 하나님은 여인에게 먹을 것 마실 것을 공급해 주셨습니다. 그 하나님이 죽은 아들도 살려 주시지 않겠습니까? 그런데 여인의 반응을 보면 하나님의 공급하심을 믿는 믿음도 없거니와 그것에 대한 감사도 없습니다. 감사가 없으니 불평만 할 따름입니다.

이스라엘 백성도 그랬지요. 처음 만나를 내려 주셨을 때 얼마나 감격했습니까? 처음 메추라기를 지면에 가득 내려 주셨을 때 얼마나 감격했습니까? 홍해를 가르고 바다를 건너게 하셨을 때 얼마나 하나님을 찬양하며 기뻐했습니까? 하지만 그들은 매 순간 기적을 경험했음에도 다음 순간 감사를 잃었습니다. 감사를 잃으니 불평하며 다시 애굽의 노예로 돌아가겠다고 험악하게 굴었습니다.

우리가 그런 사람들입니다. 전후에 우리나라가 얼마나 형편없었습니까? 보릿고개만 넘기는 게 소원이었을 만큼 비참하게 가난했습니다. 그런 우리가 지금 세계에서 손에 꼽히는 부자 나라가 되었습니다. 하나님이 우리나라에 주신 기적은 전

세계를 놀라게 하고 있습니다. 그런 우리에게 지금 감사가 있습니까?

그러므로 풍족할수록, 기적을 체험한 때일수록, 하나님께 기도의 응답을 받은 때일수록 감사를 잃어버려선 안 됩니다. 이 풍족이, 이 기적이, 이 응답이 하나님의 축복으로 일어난 것임을 잊어버려선 안 됩니다.

> 엘리야가 그에게 그의 아들을 달라 하여 그를 그 여인의 품에서 받아 안고 자기가 거처하는 다락에 올라가서 자기 침상에 누이고 여호와께 부르짖어 이르되 내 하나님 여호와여 주께서 또 내가 우거하는 집 과부에게 재앙을 내리사 그 아들이 죽게 하셨나이까 하고 왕상 17:19-20

엘리야도 하나님을 원망하고 있습니다.

"하나님, 제가 이 과부 집에 안 온다고 했잖아요. 왜 또 이런 시련을 주십니까? 살려 내세요."

그래도 엘리야는 불평만 하지 않고 죽은 시신을 붙들고 기도하기 시작합니다. 엉엉 울면서 기도했을 것입니다.

> 그 아이 위에 몸을 세 번 펴서 엎드리고 여호와께 부르짖어 이르되 내 하나님 여호와여 원하건대 이 아이의 혼으로 그의 몸에 돌

아오게 하옵소서 하니 왕상 17:21

엘리야가 부르짖자 하나님이 그 소리를 듣고 응답하십니다.

> 여호와께서 엘리야의 소리를 들으시므로 그 아이의 혼이 몸으로
> 돌아오고 살아난지라 왕상 17:22

이때 엘리야는 어땠을까요? 정말 죽은 아이가 살아날 것이라 믿었을까요? 만일 엘리야가 믿음 없이 그런 기도를 한 것이라면 얼마나 놀랐을까요? 하나님께 얼마나 죄송했을까요?

> 엘리야가 그 아이를 안고 다락에서 방으로 내려가서 그의 어머니
> 에게 주며 이르되 보라 네 아들이 살아났느니라 여인이 엘리야에
> 게 이르되 내가 이제야 당신은 하나님의 사람이시요 당신의 입에
> 있는 여호와의 말씀이 진실한 줄 아노라 하니라 왕상 17:23-24

여기서 "내가 이제야"에 주목하십시오. 여인이 극심한 가뭄 중에도 부족하지 않게 먹이신 하나님을 지금까지 믿지 않았다는 얘기입니다. 죽은 아들이 살아 돌아와서야 비로소 하나님을 믿게 되었고 엘리야가 선지자라는 사실을 깨닫게 되었다는 것입니다. 예수님도 우리가 기적을 경험하고도 하나님을 제대

로 믿지 못한다고 말씀하셨습니다. 부자와 나사로 비유에서 죽은 자가 살아 돌아가 하나님의 말씀을 전해도 사람들은 믿지 않는다고 하셨지요.

구원은 하나님께서 우리를 의롭게 여기시는 한 번의 사건으로 일어나지만, 성화는 수많은 과정을 거쳐 일어납니다. 그런 점에서 지금 엘리야도 자라고 있고 사르밧 과부도 자라고 있습니다. 성화의 길을 가고 있는 것입니다.

엘리야의 길 vs. 아합과 이세벨의 길

엘리야에게도 3년의 가뭄은 매우 견디기 힘든 시간이었을 것입니다. 무엇보다 죄책감이 컸을 것입니다. 비를 내려 달라 해도 모자랄 판에 가뭄을 달라 기도했으니 말입니다. 그로 인해 백성이 굶주리고 죽음에 이르기까지 했으니 참으로 안타깝고 고통스러웠을 것입니다. 그러니 엘리야로서는 이 3년이 깊은 어둠과 같은 우울한 시간이었을 것입니다.

이 고통스러운 어둠의 시간에 하나님은 우리에게 요구하시는 게 있습니다. 바로 하나님과의 깊은 영적 교제입니다.

엘리야는 깊고 어두운 터널 같은 이 시간에 하나님을 깊이 만날 수 있었습니다. 갈멜산 전투에서 보여 준 그의 영적 파워는 이 시간에 연마된 것이었습니다. 하나님은 갈멜산 전투를 위해 이 시간을 준비하셨고 엘리야를 훈련시키셨습니다.

우리는 이 터널 같은 시간에 하나님을 하나님으로 인정하는 법을 배우게 됩니다. 이 시간이 없으면 우리는 우리다워질 수 없습니다. 사람다워질 수 없습니다. 겸손하고 인내하며 사랑하는 사람이 될 수 없습니다. 하나님은 우리 모두가 이 시간을 지나도록 인도하십니다. 오늘 우리가 당한 코로나 시대가 바로 그런 시간입니다.

그러므로 기도하는데도 고난을 겪는다면, 기도하는데도 위기가 닥친다면, 터널을 통과하는 때라는 걸 아시기 바랍니다. 하나님이 우리를 영적으로 성숙하게 연마하는 시간임을 기억하시기 바랍니다. 엘리야가 받은 영적 파워를 담으시려고 우리의 그릇을 키우고 계심을 믿기 바랍니다.

하나님의 응답은 하나님의 때에 이뤄집니다. 우리가 아무리 조바심을 내도 하나님의 때가 가장 응답되기 좋은 때입니다. 요엘서 2장에서 모든 하나님의 사람이 성령을 받는다는 예언은 무려 800년이 지나 사도행전 2장에서 이루어졌습니다. 독일의 통일을 위해 독일의 그리스도인들은 무려 40년간 기도했습니다. 하나님의 때가 이를 때까지 우리가 할 일은 기도하며 기다리는 것입니다. 그리고 하나님과 깊은 교제를 갖는 것입니다. 응답되지 않기에, 고난이 계속되기에 우리는 전심으로 하나님을 찾고 그분과 깊은 교제를 나눌 수 있습니다. 응답받기 위해 기도하는 그 시간이 가장 은혜로운 시간이며 하나님을 깊이 만나는 성숙의 시간입니다.

사업이 잘되고, 건강을 되찾고, 자녀가 대학에 가는 기도의 응답을 받은 사람들이 교회를 떠나는 것을 종종 봅니다. 응답받으면 하나님을 영원히 찬양하며 살 것 같지만 도리어 하나님을 영원히 떠나는 게 우리입니다. 우리가 그렇게 교만하고 어리석습니다. 엘리야가 3년여 가뭄을 지나면서 이방인 제사장 850명과 겨루는 능력의 사람이 되는 동안, 아합과 이세벨은 더 악하게 변했습니다. 3년 뒤 엘리야의 기도로 비가 다시 왔을 때도 아합과 이세벨은 하나님께 감사하기는커녕 도리어 더 악한 길로 갔습니다.

고난의 시간을 통과하고 있다면 반드시 하나님을 깊이 만나 그분과 교제하시기 바랍니다. 그 길이 아니라면 아합과 이세벨의 길밖에 없음을 명심하시기 바랍니다.

> 내 형제들아 너희가 여러 가지 시험을 당하거든 온전히 기쁘게 여기라 이는 너희 믿음의 시련이 인내를 만들어 내는 줄 너희가 앎이라 인내를 온전히 이루라 이는 너희로 온전하고 구비하여 조금도 부족함이 없게 하려 함이라 약 1:2-4

깊고 어두운 터널을 통과하는 원리

① 주신 이도 거두신 이도 하나님임을 인정한다

② 하나님이 모든 것을 내려놓을 것을 요구하실 때 순종한다

③ 모든 게 하나님 소관임을 잊지 않고 늘 감사한다

④ 고난의 이 시간이 하나님을 깊이 만나 교제할 때임을
  명심한다

하늘 문을 여는 기도

하나님, 우리 가운데도 사르밧 여인의 아픔을 겪는 이들이 있습니다. 사랑하는 이가 아파서, 죽음을 목전에 두고 있어서, 혹은 세상을 떠나가서 슬픔에 잠긴 이들에게 찾아가셔서 내가 너를 사랑하노라고 말씀하여 주옵소서. 그들이 주님의 음성을 듣고 위로받게 하옵소서. 설사 우리가 원하는 대로 이뤄지지 않더라도 생로병사를 책임지시고 부활의 생명을 주신 주님으로 인해 무너지지 않게 하옵소서. 주시는 이도, 취하시는 이도 하나님이심을 겸허히 고백하며 또한 그 모든 일 가운데에서도 우리를 위해 모든 것을 합력하여 선을 이루시는 신실하신 하나님을 바라보게 하옵소서. 그 아픔의 상황이 변하지 않더라도 내가 먼저 변화됨으로 기뻐하는 삶을 살 수 있게 하옵소서.

엘리야가 3년여의 가뭄 동안 겪었을 고통을 생각합니다. 코로나 시대를 지나는 지금 이 순간이 우리에겐 가뭄과 같습니다. 그러나 엘리야처럼 3년의 가뭄 동안 주님을 깊이 만날 수 있기를 바랍니다. 메마른 광야에서도, 인생의 골짜기에서도 주님을 신뢰함으로 인내하며 성숙함을 이뤄가게 하옵소서. 풍성한 주님의 은혜를 경험하기를 원합니다. 그리하여 갈멜산 전투와 같은 영적 전투에서 승리하는 자로 세워 주옵소서.

예수님의 이름으로 기도드렸습니다. 아멘.

4

고난을 통과한 사람만이 갖는 영적 능력

열왕기상 18장 1-20절

이스라엘 지역은 6개월은 건기 나머지 6개월은 우기인데, 건기를 견디기 위해서는 나머지 6개월간 반드시 비가 내려야 합니다. 가나안 사람들은 이 비를 내려 주는 것이 바알이라고 믿어서 그를 숭배했습니다. 곳곳에 바알 신전을 짓고 제사를 지내는 등 당시 가나안 문화는 바알과 깊숙이 연결되어 있었습니다. 이 바알 숭배에 기름을 부은 것이 아합이 정략결혼으로 두로에서 데려온 이세벨이었습니다. 바알 선지자를 국가적으로 길러 내기까지 하면서 바알 숭배를 적극 장려했습니다.

이스라엘에 닥친 3년여의 가뭄은 하나님이 이스라엘의 이 같은 죄를 심판하신 것이었습니다.

> 길르앗에 우거하는 자 중에 디셉 사람 엘리야가 아합에게 말하되 내가 섬기는 이스라엘의 하나님 여호와께서 살아 계심을 두고 맹세하노니 내 말이 없으면 수년 동안 비도 이슬도 있지 아니하리라 하니라 왕상 17:1

이 가뭄이 열왕기는 3년 동안 계속되었다 하고 야고보서(5:17)와 누가복음(4:25)은 3년 6개월이라고 증언하고 있습니다. 그 진위는 알 수 없으나 가뭄이 3년 이상 계속되었으니 백성들의 삶이 참으로 견디기 힘들 만큼 고통스러웠을 것입니다.

하지만 이스라엘은 그런 중에도 바알에게 비를 내려 줄 것을 빌며 제사를 올렸습니다. 그러나 가뭄이 3년 이상 계속되면서 바알을 의심하는 백성도 있었을 것입니다. 그런 까닭에 엘리야가 갈멜산 전투를 앞두고 백성들에게 하나님인지 바알인지 선택하라고 했을 때 백성들은 어느 것도 선택할 수 없었습니다. 하나님에게서는 이미 떠났고 바알은 의심이 되고 내적 갈등이 상당했을 것입니다.

3년여의 가뭄은 이방신을 섬기는 이스라엘 백성들에게도 큰 시험이었지만, 그것이 하나님의 심판이라고 전한 엘리야에게도 엄청난 도전이었습니다. 그런데 이 엄청난 도전 앞에서 엘리야와 백성은 전혀 다른 선택과 길을 걸었습니다. 엘리야는 하나님의 사람으로 영적인 성장을 한 반면, 백성은 갈팡질 팡하며 세월만 흘려보내고 있었습니다.

엘리야는 광야의 훈련을 통해 어떻게 하나님의 사람으로 변화되었을까요?

담대함

드디어 3년 6개월이 지나자 하나님의 말씀이 엘리야에게 임했습니다.

많은 날이 지나고 제삼년에 여호와의 말씀이 엘리야에게 임하여

이르시되 너는 가서 아합에게 보이라 내가 비를 지면에 내리리라 왕상 18:1

고난과 훈련은 하나님이 정하십니다. 그 종류와 기간, 시작과 끝냄 모두 하나님이 정하십니다. 너무 고통스러워 죽고만 싶은 고난입니까? 아닙니다. 하나님이 그 강도를 조절하십니다. 죽을 만큼 고통스러운 고난은 없습니다. 그리고 그 고난은 반드시 끝이 있습니다. 이 사실을 잊지 마시기 바랍니다.

엘리야가 아합에게 보이려고 가니 그때에 사마리아에 기근이 심하였더라 왕상 18:2

엘리야가 아합을 만나러 간다고 합니다. 아합은 3년 전에 가뭄이 있을 것이라고 엘리야가 선포했을 때 콧방귀도 뀌지 않았을 것입니다. 시골뜨기 엘리야를 우습게 여겼기 때문이지요. 하지만 가뭄이 길어지자 아합은 엘리야를 잡으려고 혈안이 되었습니다. 엘리야의 말 한마디로 가뭄이 들었다고 생각했기 때문입니다. 하나님이 엘리야를 숨겨 주셨으므로 아합의 손에 넘겨지지 않았지만, 아합의 수중에 들어가는 순간 엘리야는 목숨을 부지하기 어려울 것입니다.

하지만 엘리야는 지금 아합을 만나러 갑니다. 지난 3년간 고난을 통과하면서 엘리야는 영적으로 성장했고 그런 만큼 담대한 사람이 되었습니다. 사람은 고난을 겪으면서 더 단단해지고 겸손해지며 성숙해집니다. 그러나 모든 사람이 그런 것은 아닙니다. 그러므로 고난이 왔을 때 잘 겪고 잘 통과하는 것이 중요합니다.

사르밧 과부의 아들이 죽음을 당했을 때 과부와 같이 하나님을 원망하던 엘리야이지만, 이제 한 나라의 최고 권력자 아합을 대면하러 가고 있습니다. 아합을 만나는 순간 어떤 고난을 당할지, 심지어 죽임을 당할지도 모르지만 그는 담대하게 자기 갈 길을 가고 있습니다.

그런데 본문에는 엘리야 말고 담대함을 갖춘 한 사람이 더 나옵니다. 바로 오바댜입니다.

> 아합이 왕궁 맡은 자 오바댜를 불렀으니 이 오바댜는 여호와를 지극히 경외하는 자라 _왕상 18:3_

오바댜는 첫째, 아합의 왕궁을 맡은 자입니다. 아합 밑에서 나라 살림을 도맡은 사람입니다. 오바댜는 5-6절에서 아합이 물을 찾아 나설 때 나라의 반을 오바댜에게 맡길 만큼 아합이 신뢰한 사람입니다. 아마도 아합 다음의 권력자가 아니었을까 합니다.

그런데 오바댜는 둘째, 하나님을 지극히 경외하는 자입니다. 아합의 신뢰를 한몸에 받는 자로서 하나님을 경외하는 사람이라니, 이해가 되지 않습니다.

> 이세벨이 여호와의 선지자들을 멸할 때에 오바댜가 선지자 백 명을 가지고 오십 명씩 굴에 숨기고 떡과 물을 먹였더라 왕상 18:4

오바댜는 아합과 이세벨이 하나님의 사람들을 핍박하며 죽일 때 그들을 몰래 숨겨 준 뒤 먹이고 재우고 했습니다. 3년여의 극심한 가뭄에도 선지자들에게 물과 음식을 제공했다고 합니다. 이것은 목숨을 걸지 않으면 할 수 없는 일입니다.

영화 〈쉰들러 리스트〉는 독일 나치에 의해 무참히 죽어 가는 유대인을 구한 사람 쉰들러를 조명합니다. 쉰들러도 오바댜도 들키면 목숨이 위태로울 줄 알면서도 정의로운 일을 행합니다. 참으로 담대한 사람들입니다.

하나님을 경외한다면서 어떻게 하나님을 대적하는 아합을 위해 일할 수 있을까요? 저는 개인적으로 오바댜 선지자의 행동이나 입장을 충분히 이해할 수는 없습니다. 그러나 성경을 보면 그런 상황 가운데 있던 하나님의 사람들이 있습니다. 요셉도 그랬습니다. 느헤미야와 다니엘도 그랬습니다. 우리는 다만 하나님이 맡기신 자리에서 하나님의 일을 할 뿐입니다. 사실 적진에서 적의 눈을 속이면서 아군을 이롭게 하는 일을 하는 것이야말로 용기가 필요합니다.

　고난을 온전히 통과하면 상황이나 문제가 주는 두려움에 휘
둘리지 않게 됩니다. 상황과 문제를 능가하는 담대함을 갖게
되기 때문입니다. 그러므로 고난이 왔을 때 잘 통과하는 것이
중요합니다.

하나님만 바라봄

　오바댜는 물을 찾아 나섰다가 엘리야를 만났습니다.

> 오바댜가 길에 있을 때에 엘리야가 그를 만난지라 그가 알아보고
> 엎드려 말하되 내 주 엘리야여 당신이시니이까 그가 그에게 대답
> 하되 그러하다 가서 네 주에게 말하기를 엘리야가 여기 있다 하
> 라 왕상 18:7-8

　하나님은 엘리야가 아합을 만나게 하기 위해 먼저 오바댜를
만나게 하십니다. 그런데 오바댜는 엘리야의 요청에 정색을
합니다.

> 이르되 내가 무슨 죄를 범하였기에 당신이 당신의 종을 아합의
> 손에 넘겨 죽이게 하려 하시나이까 당신의 하나님 여호와께서 살

아 계심을 두고 맹세하노니 내 주께서 사람을 보내어 당신을 찾지 아니한 족속이나 나라가 없었는데 그들이 말하기를 엘리야가 없다 하면 그 나라와 그 족속으로 당신을 보지 못하였다는 맹세를 하게 하였거늘 왕상 18:9-10

지난 3년간 아합은 온 나라를 뒤져 엘리야를 찾았다고 합니다. 이때 사람들에게 협박을 했는데, 엘리야를 보았느냐 해서 못 보았다고 하면 그 말에 대해 책임을 지라고 한 것입니다. 만일 그 사람의 집을 뒤져 엘리야가 나오면 그 사람은 죽은 목숨이 되는 것입니다. 오바댜는 지금 자신이 그런 신세가 되었다고 말하는 것입니다.

이제 당신의 말씀이 가서 네 주에게 말하기를 엘리야가 여기 있다 하라 하시나 내가 당신을 떠나간 후에 여호와의 영이 내가 알지 못하는 곳으로 당신을 이끌어 가시리니 내가 가서 아합에게 말하였다가 그가 당신을 찾지 못하면 내가 죽임을 당하리이다 당신의 종은 어려서부터 여호와를 경외하는 자라 왕상 18:11-12

오바댜는 엘리야가 아합이 그토록 뒤지고 다녔는데도 지금까지 살아남은 것은 하나님의 숨기심 덕분이라고 생각하고 있습니다. 그래서 오바댜가 아합에게 엘리야를 찾았다고 알리는 순간, 하나님이 엘리야를 숨기실 것이라고 말하고 있습니다. 그 때문에 자신은 아합의 손에 죽을 것이라는 겁니다.

> 이세벨이 여호와의 선지자들을 죽일 때에 내가 여호와의 선지자 중에 백 명을 오십 명씩 굴에 숨기고 떡과 물로 먹인 일이 내 주에게 들리지 아니하였나이까 이제 당신의 말씀이 가서 네 주에게 말하기를 엘리야가 여기 있다 하라 하시니 그리하면 그가 나를 죽이리이다 왕상 18:13-14

그러면서 오바댜는 자신이 하나님의 선지자들을 숨긴 일을 고백합니다. 악한 왕 아합에 봉사하는 직분이지만 영혼만큼은 절대 그에게 굴복하지 않았다고 말합니다. 엘리야의 일로 자신이 죽임을 당하면 굴에 숨은 선지자 100명은 어떡하냐는 것이 사실 오바댜의 가장 큰 걱정이었습니다. 오바댜는 죽음이 두려웠던 것이 아니라 하나님이 맡기신 사명을 완수하지 못할까 두려웠던 것입니다.

> 엘리야가 이르되 내가 섬기는 만군의 여호와께서 살아 계심을 두고 맹세하노니 내가 오늘 아합에게 보이리라 왕상 18:15

엘리야는 근심하는 오바댜에게 하나님의 말씀으로 다시 확

하늘 문을 여는 기도

인해 줍니다. 그러자 오바댜가 더 이상 묻지 않고 아합에게 엘리야의 존재를 알립니다.

> 오바댜가 가서 아합을 만나 그에게 말하매 아합이 엘리야를 만나
> 러 가다가 왕상 18:16

오바댜가 이제 망설이지 않습니다. 엘리야의 말을 하나님의 말씀으로 믿었습니다. 각자 처한 위치도 다르고 받은 사명도 다르지만 하나님의 사람으로서 담대하게 자기 역할을 하는 두 사람이 참으로 멋있습니다.

바울과 바나바가 각자 받은 달란트가 달랐으나 맡기신 하나님의 일에 최선을 다했듯이, 제자들이 각자 맡겨진 일을 담대하게 수행했듯이, 우리도 각자 달란트가 다르고 사명이 달라도 하나님의 사람으로서 담대하게 사명을 감당해야 할 것입니다.

담대함이란 상황이나 문제가 아니라 하나님을 바라보는 것입니다. 고난을 통해 훈련받는 사람은 눈에 보이는 상황이 아니라 눈에 보이지 않는 하나님을 주목함으로 이 모든 상황을 다스리는 분이 하나님임을 알게 됩니다. 고난은 그래서 유익이 됩니다.

> 믿음은 바라는 것들의 실상이요 보이지 않는 것들의 증거니 선진

들이 이로써 증거를 얻었느니라 믿음으로 모든 세계가 하나님의 말씀으로 지어진 줄을 우리가 아나니 보이는 것은 나타난 것으로 말미암아 된 것이 아니니라 히 11:1-3

믿음의 선진들은 모두 고난을 받았습니다. 그리고 그 고난을 통해 하나님을 바라보는 능력을 갖게 되었습니다. 구약시대 사람들은 비록 예수님의 존재를 알지 못했지만 오실 메시아 예수님을 기대했습니다. 이것이 고난을 통해 훈련받은 믿음의 사람이 갖게 되는 능력입니다.

고난을 대면함

저는 예전에 권투 경기를 즐겨 보았습니다. 권투 경기에서는 영원한 패자도 영원한 승자도 없습니다. 이번 경기에선 패자일지라도 다음 경기에선 승자가 될 수 있습니다. 실패라는 고난이 그를 성장시키는 자양분이 되기에 실패에 굴복하지 않을 수 있는 것입니다. 엘리야는 고난의 훈련을 통해 어떤 능력을 갖게 되었을까요?

드디어 아합과 엘리야가 오바댜의 주선으로 한자리에 만나게 되었습니다.

> 오바댜가 가서 아합을 만나 그에게 말하매 아합이 엘리야를 만나
> 러 가다가 왕상 18:16

그런데 아합의 첫마디가 이렇습니다.

> 엘리야를 볼 때에 아합이 그에게 이르되 이스라엘을 괴롭게 하는
> 자여 너냐 왕상 18:17

아합은 이스라엘이 겪는 3년여의 가뭄이 엘리야 때문이라고 말하고 있습니다. 이렇듯 성숙하지 않은 사람은 문제가 생겼을 때 그 잘못을 다른 사람에게 전가합니다. 아담은 하와에게, 하와는 뱀에게 책임을 전가하기 바빴습니다.

아합은 엘리야가 이스라엘을 괴롭게 했다고 말합니다. 그런데 여기서 이스라엘은 백성이 아니라 자기 자신과 그의 소유물이었을 뿐입니다.

> 아합이 오바댜에게 이르되 이 땅의 모든 물 근원과 모든 내로 가
> 자 혹시 꼴을 얻으리라 그리하면 말과 노새를 살리리니 짐승을
> 다 잃지 않게 되리라 하고 왕상 18:5

물을 찾아 나선 이유가 무엇입니까? 자기 소유의 말과 노새

를 잃지 않기 위해서입니다. 가뭄으로 백성이 극심한 고통에 시달리는데 자기 소유의 말과 노새만 걱정하고 있습니다. 전쟁에 필요한 말은 아끼면서 전쟁에서 싸울 백성은 아끼지 않습니다. 백성은 안중에도 없습니다. 그는 왕이 아니라 이기적이고 자기중심적인 악인일 뿐이었습니다.

> 그가 대답하되 내가 이스라엘을 괴롭게 한 것이 아니라 당신과 당신의 아버지의 집이 괴롭게 하였으니 이는 여호와의 명령을 버렸고 당신이 바알들을 따랐음이라 왕상 18:18

엘리야가 비겁하고 악한 아합을 담대하게 책망합니다. 책임을 뒤집어씌우는 아합에게 오히려 모든 가뭄과 영적인 책임이 아합에게 있음을 질타합니다.

이런 담대함은 영적인 깊이에서만 나올 수 있습니다. 엘리야는 하나님의 말씀이지만 가뭄을 선포해 놓고 고통받는 백성들을 외면할 수 없어 죄책감에 시달렸습니다. 엘리야의 고난은 바로 이것이었습니다.

신앙의 깊이는 말씀과 기도로 만들어집니다. 어느 날 경험한 신비한 체험 한 번으로 우리의 인격이 바뀌지 않습니다. 마가의 다락방에서 성령을 받은 제자들이 그 한 번으로 능력을 받아 변화되었다고 생각하십니까? 아닙니다. 그들은 예수님과 함께 3년여 동거동락하며 제자로서 훈련을 받았습니다. 그 훈련이 그들로 하여금 신앙의 깊이를 갖도록 만들었습니다.

> 그런즉 사람을 보내 온 이스라엘과 이세벨의 상에서 먹는 바알의 선지자 사백오십 명과 아세라의 선지자 사백 명을 갈멜산으로 모아 내게로 나아오게 하소서 왕상 18:19

엘리야는 바알 선지자들을 이사벨의 상에서 먹는 자들이라고 말합니다. 비웃는 것입니다. 그러면서 갈멜산의 결투를 신청합니다. 엘리야가 광야와 같은 고난의 시간을 통과한 뒤 달라졌습니다. 문제를 만나 회피하지 않고 담대하게 대면하고 있습니다.

하나님은 우리로 하여금 독수리가 날개치듯 고난을 이기고 승리하게 하기 위해서 우리를 고난을 통해 훈련하십니다. 우리를 죽이려고 고난의 용광로 속으로 집어넣으시는 것이 아닙니다. 우리가 당하는 고난의 골짜기마다 하나님의 생명수가 담겨 있습니다. 하나님은 우리가 그 생명수를 마시고 능력받기를 원하십니다. 나를 살리고 가족을 살리고 민족과 나라를 살리는 능력을 받게 하기 위해 하나님은 우리를 고난의 골짜기를 지나게 하십니다. 고난의 골짜기를 지나 하나님의 생명수를 마신 엘리야가 갈멜산 전투에서 그 능력을 유감없이 발휘한 것처럼 말입니다.

> 아합이 이에 이스라엘의 모든 자손에게로 사람을 보내 선지자들
> 을 갈멜산으로 모으니라 왕상 18:20

하나님의 심판이 임할 때 사람은 두 가지로 반응합니다. 하나는 회개하여 겸허해지는 것이고, 다른 하나는 더 파렴치해지는 것입니다. 엘리야는 그 고난으로 하나님과 깊은 영적 교제를 나눈 반면, 아합과 이세벨은 더 파렴치해지고 악해졌습니다. 고난 가운데 있다면 하나님의 훈련을 잘 통과하시기 바랍니다. 하나님을 하나님으로 인정하고 하나님의 능력을 덧입기 바랍니다.

조선 선조 때 임진왜란이 일어났습니다. 당시 영의정이던 유성룡이 임진왜란을 가장 가까이에서 보고 기록한 책이 《징비록》이라는 역사서입니다. '징비'란 '미리 징계하여 후환을 경계한다'라는 뜻입니다. 유성룡은 무능한 선조에게 이순신을 천거한 지략가입니다. 그는 일본이 전쟁을 일으키려고 조선을 7년간 정탐하고 있으니 일본의 침략에 대비해야 한다고 선조에게 이야기했지만 선조는 이 말에 귀를 기울이지 않았습니다.

유성룡은 《징비록》에서 조선이 국가적 위기를 제대로 대처하지 못한 것은 너무 오랜 시간 평화가 지속되었기 때문이라

고 진단합니다. 조선은 임진왜란이 일어나기 전 200년간 평화를 유지했기에 아무도 전쟁이 일어날 것이라고 생각하지 못한 것입니다.

고난이 없으면 우리가 하나님을 찾을까요? 고난이 없으면 타인을 이해하고 연민하게 될까요? 고난이 없으면 다시금 용기를 내어 일어서겠다는 담대함을 갖게 될까요?

고난이 없으면 안주하므로 아무런 능력도 갖추지 못하게 됩니다. 그래서 고난은 한편으로 유익이 됩니다. 고난은 우리의 신앙을 깊이 있게 만들고 기도에 능력을 갖게 만듭니다.

고난을 당했을 때 엘리야처럼 하나님과 깊은 교제를 나눔으로 하나님이 주시는 능력으로 새롭게 되기를 바랍니다.

고난을 통과한
사람만이 갖는
영적 능력

① 상황과 문제를 능가하는 담대함을 갖게 된다

② 눈에 보이는 상황이 아니라 보이지 않는 하나님만
   바라보게 된다

③ 문제를 회피하지 않고 고난을 대면한다

하늘 문을 여는 기도

살아 계신 하나님, 우리와 성정이 같은 엘리야가 기도하매 3년 6개월간 땅에 비가 내리지 않았고, 그가 또 기도하매 하늘에서 불이 내리고 비가 내린 것을 기억합니다. 우리가 고난당할 때에 엘리야처럼 하나님과 깊이 만나고 교제하게 하옵소서. 그리하여 영적으로 담대해지고 문제가 아니라 하나님만 바라보며 문제를 대면하여 이기는 능력의 사람으로 훈련받기를 원합니다. 또한 사르밧 과부에게 엘리야를 보내 위로하시고 치유하시며 구원하신 것처럼 우리에게도 찾아와 주셔서 치유하시고 회복하여 주시기를 간절히 바랍니다. 이 땅의 모든 것이 하나님께 속해 있음을 겸허히 인정하게 하옵소서.

우리의 기도가 하나님의 뜻에 합당하게 하시며 이 땅 가운데 하나님의 영광을 드러내는 담대한 기도가 되게 하옵소서.

예수님의 이름으로 기도드렸습니다. 아멘.

기도하는 가운데 영적 대결이 펼쳐질 때

열왕기상 18장 20-40절

예전에 한국에서 대학생 50여 명을 데리고 농촌 섬김을 간 적이 있습니다. 강원도에서도 아주 깊숙한 산골짜기에 있는 귀둔리라는 곳이었죠. 일주일 동안 있으면서 화장실 청소도 하고 방역 작업도 하고 의료팀과 함께 의료봉사도 했습니다. 그 과정에서 하나님의 역사가 여러 곳에서 일어났습니다.

그러던 중 어느 한 분이 우리의 섬김과 말씀 증거를 듣고 예수님을 영접하길 원했습니다. 그런데 집에 있는 우상단지와 여기저기 붙여 놓은 부적을 우리더러 대신 떼어 달라고 했습니다. 자신은 두려워서 직접 할 수 없다는 것입니다. 부적을 제거하면 혹시나 이제껏 자신이 믿었던 신이 노여워해 집안에 재앙을 내리면 어떡하나 하는 것이 그의 두려움이었습니다.

우리는 함께 기도하고 그 부적을 떼어 불태워 버렸습니다. 그때 그분의 얼굴에 임한 평안을 잊을 수가 없습니다.

두려움은 사탄이 주는 마음입니다. 예수님을 영접하려 할 때, 하나님과 좀 더 친밀한 관계로 나아가려 할 때, 누군가에게 복음을 전하려 할 때, 사탄은 두려움을 몰고 와 우리를 공격합니다. 두려움은 하나님이 주시는 마음이 아닙니다. 하나님은 우리에게 두려움이 아니라 평안과 사랑을 주십니다. 그러므로 두려움이 불일 듯 일 때 그 실체를 간파하는 것이 중요합니다.

하나님을 떠나 우상숭배를 일삼던 이스라엘 백성에게도 이 두려운 마음이 있었습니다. 3년 6개월 동안 가뭄이 계속되면서 과연 내가 믿는 신이 하나님인가, 이방신인가 의심이 되었을 것입니다. 막상 하나님께 돌아가자 하면서도 바알이 해코지하면 어쩌나 두렵기도 했을 것입니다. 어둠의 그늘에 마음이 눌리고 삶이 고통스러운 그들에게 하나님은 엘리야를 보내 하나님이 누구신지 분명하게 보여 주고자 하십니다.

엘리야는 어둠의 세력과 대결하고 하늘 문을 열어 백성들에게 살아 계신 하나님을 증거합니다. 우리는 엘리야의 기도를 통해 하늘 문을 여는 기도의 원리를 배울 수 있습니다.

오직 하나님만 선택하라

엘리야는 아합왕에게 이스라엘에 있는 450명의 바알 선지자와 400명의 아세라 선지자들과 갈멜산에서 결투를 하겠다고 제안합니다. 해발 500m 이상의 갈멜산은 지중해 해안을 따라 남북으로 25km 펼쳐진 산입니다. 이방인의 상업 도시인 시돈과 두로, 악고를 지나면 만나는 산이지요. 학자들은 빽빽한 숲으로 우거진 갈멜산의 웅장함과 아름다움으로 인해 다산 숭배의 상징이 되었을 것이며 우상숭배의 산당이 많았을 것이라고 추측합니다. 또한 굴도 많아서 오바댜가 100명의 선지자들을 숨긴 곳이 갈멜산일 것으로 봅니다.

엘리야는 이 우상숭배의 산당이 된 갈멜산에 바알과 아세라 선지자들을 모은 뒤 백성들에게 이같이 선포합니다.

> 엘리야가 모든 백성에게 가까이 나아가 이르되 너희가 어느 때까지 둘 사이에서 머뭇머뭇 하려느냐 여호와가 만일 하나님이면 그를 따르고 바알이 만일 하나님이면 그를 따를지니라 하니 백성이 말 한마디도 대답하지 아니하는지라 왕상 18:21

엘리야가 하나님이든지 이방신이든지 둘 중 하나를 선택하라고 요구하자 백성들이 한마디도 하지 않았다고 합니다. 신앙은 선택입니다. 선택을 회피하는 회색지대에 있는 사람들은 방관자일 뿐입니다. 이해관계가 분명해지지 않는 한 그들은 절대로 껍데기를 벗고 나오지 않습니다.

엘리야가 도전한 '어느 때까지 머뭇거릴 것이냐'는 원어의 의미로 다시 해석하면 '어느 때까지 양다리를 걸칠 것이냐'가 됩니다. 다시 말해 세상의 욕심을 대표하는 바알과 진정한 하나님이신 여호와 사이에서 양다리를 걸치며 두 가지 유익을 다 챙기려고 갈팡질팡하는 모습을 지적하고 있는 것입니다. 신앙에 회색지대는 없습니다. 진리와 비진리가 있을 뿐입니다. 하나님은 두 마음을 품은 자를 아주 싫어하십니다(약 1:7-8). 예수님도 마태복음에서 "나와 함께 아니하는 자는 나를 반대하는 자"(마 12:30)라고 하셨습니다.

그러므로 하나님의 사람은 하나님을 분명하게 선택해야 합니다. 이도 아니고 저도 아닌 태도는 하나님의 사람이 아닙니다.

담대히 선포하라

엘리야가 백성에게 이르되 여호와의 선지자는 나만 홀로 남았으나 바알의 선지자는 사백오십 명이로다 왕상 18:22

엘리야의 비장함이 느껴지는 구절입니다. 숫자로만 보면 엘리야가 주눅들어 마땅합니다. 하지만 지난 3년 6개월간 엘리야의 영성이 숫자에 짓눌리지 않을 만큼 성장했습니다. 하나님과 함께하는 한 숫자는 영적 파워에 아무런 영향을 미치지 못합니다. 진리는 다수결로 결정하는 것이 아니기 때문입니다.

그런즉 송아지 둘을 우리에게 가져오게 하고 그들은 송아지 한 마리를 택하여 각을 떠서 나무 위에 놓고 불은 붙이지 말며 나도 송아지 한 마리를 잡아 나무 위에 놓고 불은 붙이지 않고 너희는 너희 신의 이름을 부르라 나는 여호와의 이름을 부르리니 이에 불로 응답하는 신 그가 하나님이니라 백성이 다 대답하되 그 말이 옳도다 하니라 왕상 18:23-24

이도 저도 아닌 회색지대에 있던 백성들이 드디어 반응을 보이기 시작합니다. 가시적으로 흥미로운 일이 펼쳐질 것 같으니까 그들이 본색을 드러냅니다. 재밌지 않습니까? 그런데 하나님이 싫어하는 회색지대의 방관자인 백성들을 위해 하나님은 오늘 기적을 베풀어 보이실 것입니다.

> 엘리야가 바알의 선지자들에게 이르되 너희는 많으니 먼저 송아지 한 마리를 택하여 잡고 너희 신의 이름을 부르라 그러나 불을 붙이지 말라 왕상 18:25

엘리야가 먼저 바알 선지자들에게 기회를 줍니다. 하지만 있지도 않은 신에게 기도한들 무슨 대답이 있겠습니까?

> 그들이 받은 송아지를 가져다가 잡고 아침부터 낮까지 바알의 이름을 불러 이르되 바알이여 우리에게 응답하소서 하나 아무 소리도 없고 아무 응답하는 자도 없으므로 그들이 그 쌓은 제단 주위에서 뛰놀더라 왕상 18:26

"주위에서 뛰놀더라"는 21절의 '머뭇거리다'와 같은 표현으로 '양다리를 걸친다'는 뜻입니다. 바알 선지자들이 양다리를 걸치며 갈팡질팡하는 모습을 엘리야가 조롱하는 표현입니다.

> 정오에 이르러는 엘리야가 그들을 조롱하여 이르되 큰 소리로 부
> 르라 그는 신인즉 묵상하고 있는지 혹은 그가 잠깐 나갔는지 혹은
> 그가 길을 행하는지 혹은 그가 잠이 들어서 깨워야 할 것인지 하
> 매 이에 그들이 큰 소리로 부르고 그들의 규례를 따라 피가 흐르
> 기까지 칼과 창으로 그들의 몸을 상하게 하더라 왕상 18:27-28

450명의 바알 선지자들이 아침 6시부터 오후 3시까지 기도를 했다고 합니다. 소리를 지르고 춤을 추고 광기에 사로잡혀 있습니다. 심지어 자해까지 합니다. 고대사회에서 자해는 일종의 종교 행위였습니다. 자기 몸을 해쳐서 피를 보거나 아이를 제물로 바치는 것이 종교 의식의 하나였습니다.

바알은 가나안 땅에서 수백 년 동안 섬겨 온 풍요의 신입니다. 농사를 짓던 사람들은 바알이 비를 내려 주고 풍년의 축복을 준다고 믿었습니다. 그러나 지난 3년여간 가나안 땅에는 기근이 있었습니다. 그런데도 사람들은 바알을 떠나지 않았습니다. 사람은 이토록 어리석습니다.

> 이같이 하여 정오가 지났고 그들이 미친 듯이 떠들어 저녁 소제
> 드릴 때까지 이르렀으나 아무 소리도 없고 응답하는 자나 돌아보
> 는 자가 아무도 없더라 왕상 18:29

바알 선지자들이 자해까지 하면서 불을 내려 달라 빌었지만 저녁이 되도록 아무런 응답이 없었습니다. 그들은 온몸을 흔들고 피를 내는 헌신을 하면 바알이 불쌍히 여겨 응답해 줄 것이라 바랐겠지만, 애초에 죽은 신이 무엇을 듣고 보고 베풀 수 있겠습니까? 하나님이 없는 신앙, 말씀에 근거하지 않는 신앙은 아무리 헌신하고 자처해서 희생해도 바알 신에게 절하는 바알 선지자들과 같은 것입니다. 하나님의 응답을 들을 수 없습니다.

이 광경을 지켜보는 이스라엘 백성의 심정이 어땠을까요? 비와 풍요의 신 바알이 지난 3년여간 가나안 땅을 새카맣게 타들어 가게 만든 가뭄에도 돌아보지 않더니 이제 선지자들의 눈물겨운 헌신에도 돌아보지 않고 있습니다. 과연 바알은 누구인가, 나는 누구를 믿었는가, 회의가 들었을 것입니다.

바알 선지자들과 달리 엘리야는 담대하게 믿음의 선포를 합니다. 여호사밧의 기도에서도 배웠지만, 기도할 때 담대한 믿음의 선포 없이는 하늘 문이 열리지 않습니다. 담대히 믿음의 선포를 하는 기도는 하나님의 마음을 움직입니다. 두려움이 앞섭니까? 하나님을 선택했다면 하나님이 들으시도록 믿음으로 선포하십시오.

> 엘리야가 모든 백성을 향하여 이르되 내게로 가까이 오라 백성
> 이 다 그에게 가까이 가매 그가 무너진 여호와의 제단을 수축하
> 되 왕상 18:30

엘리야가 백성들에게 가까이 오라 하니 백성들이 엘리야에게 다가갑니다. 저는 이 장면이 가슴 뭉클합니다. 사람은 안 믿으면서도 믿습니다. 아합도 엘리야 때문에 비가 오지 않는다고 믿었습니다. 백성들도 이도 저도 아닌 상태이지만 엘리야가 믿는 하나님을 믿었습니다.

갈멜산에는 예전에 하나님을 섬기던 신전이 있었던 모양입니다. 엘리야는 백성들과 함께 그곳에 가서 무너진 제단을 다시 쌓습니다. 이는 하나님 신앙을 잃어버린 백성에게 그 신앙을 다시 회복하라고, 예배를 회복하라는 메시지가 담긴 행동입니다. 예배가 무너졌다면 이미 삶이 무너진 것입니다. 잘되고 있어도 잘되고 있는 것이 아닙니다. 아무것도 되는 것이 없어도 하나님을 만나는 진정한 예배를 드리고 있다면 승리하는 삶을 살고 있는 것입니다.

엘리야는 열두 돌을 취하여 단 주변에 쌓습니다.

> 야곱의 아들들의 지파의 수효를 따라 엘리야가 돌 열두 개를 취
> 하니 이 야곱은 옛적에 여호와의 말씀이 임하여 이르시기를 네
> 이름을 이스라엘이라 하리라 하신 자더라 왕상 18:31

열두 돌은 이스라엘의 열두 지파를 상징합니다. 엘리야가 이스라엘의 모든 족속이 하나님 안에서 회복되기를 기도하고 있는 것입니다.

> 그가 여호와의 이름을 의지하여 그 돌로 제단을 쌓고 제단을 돌
> 아가며 곡식 종자 두 세아를 둘 만한 도랑을 만들고 왕상 18:32

하나님은 기도하는 동안 우리 삶에서 어디가 무너졌는지 보여 주십니다. 사탄과 대적하기 위해서는 하나님 안에서 나의 약점이 드러나야 합니다. 드러난 내 약점을 하나님이 손수 치유하시고 회복시켜 주셔야 사탄과 싸울 힘이 생깁니다.

"무너진 여호와의 제단을 수축하고"(30절)

"돌 열두 개를 취하니"(31절)

"여호와의 이름을 의지하여"(32절)

사마리아 여인이 그랬듯이 우물가에 찾아오신 예수님 앞에

서 내 삶의 무너진 부분이 드러나야 삶이 회복되고 새 힘을 얻어 내일을 살아갈 수 있습니다.

하나님 말씀을 따라 주도적으로 하라

열두 돌로 무너진 제단을 다시 쌓은 뒤 엘리야는 정말 믿기 힘든 행동을 합니다.

> 또 나무를 벌이고 송아지의 각을 떠서 나무 위에 놓고 이르되 통 넷에 물을 채워다가 번제물과 나무 위에 부으라 하고 또 이르되 다시 그리하라 하여 다시 그리하니 또 이르되 세 번째로 그리하 라 하여 세 번째로 그리하니 물이 제단으로 두루 흐르고 도랑에 도 물이 가득 찼더라 왕상 18:33-35

도랑을 파더니 거기에 물을 붓습니다. 무려 세 차례에 걸쳐 도랑에 물을 붓습니다. 3년 6개월간 가뭄이 들었으니 당시 물이 얼마나 귀했겠습니까? 그런데도 백성은 엘리야의 말을 따라 아낌없이 물을 쏟아붓습니다. 더구나 엘리야가 구할 것은 불이었습니다. 그런데 도리어 물을 붓고 있습니다. 이제 물이 단을 두루 흐르고 도랑에도 물이 가득 찼습니다.

"영적 대결"이란 이런 것인가 봅니다. 불을 위해서 기도하면서 물을 넘치도록 붓는 것, 그토록 귀한 물을 아낌없이 붓는 것, 하나님을 하나님으로 인정하지 않으면 도저히 할 수 없는 일입니다.

본문의 사건을 보면, 엘리야가 이 모든 일의 주도권을 잡고 있습니다. 왕을 만나고 대결을 제안하고 바알 선지자들과 대결을 펼치는 일련의 모든 사건이 엘리야 주도로 이뤄지고 있습니다.

이 사건이 엘리야의 객기에 불과했다면 상황이 이렇게 흘러가지 않았을 것입니다. 엘리야의 영성과 담대함이 천하의 왕도 악의 상징 이세벨도 그 앞에 굴복시키고 있습니다. 엘리야의 이 담대한 믿음과 영성은 지난 3년여의 가뭄으로 단련된 것입니다. 왕과 백성들이 이방신에 굴복해 무릎을 꿇는 동안 엘리야는 오직 하나님 앞에서 그의 인도를 따라 하나님의 사람으로 빚어졌습니다.

자유와 능력은 말씀을 따라 순종할 때 주어지는 것입니다. 예수님은 "진리를 알지니 진리가 너희를 자유롭게 하리라"(요 8:32)고 하셨습니다. 또한 "이제부터는 너희를 종이라 하지 아니하리니… 너희를 친구라 하였노니"(요 15:15)라고 하셨습니다. 우리는 하나님의 종인 동시에 진리로 자유로워진 그분의 친구입니다. 사탄은 성공을 보장하겠다고 달콤하게 유혹하지만, 그 결과는 실패와 두려움, 증오입니다. 그러나 하나님의 말씀은 내려놓을 것을 요구하니 다 잃어버릴 것 같지만, 그 결과는 참된 자유와 능력을 누리는 것입니다.

> 저녁 소제 드릴 때에 이르러 선지자 엘리야가 나아가서 말하되
> 아브라함과 이삭과 이스라엘의 하나님 여호와여 주께서 이스라
> 엘 중에서 하나님이신 것과 내가 주의 종인 것과 내가 주의 말씀
> 대로 이 모든 일을 행하는 것을 오늘 알게 하옵소서 왕상 18:36

이때 분별이 필요합니다. 어디까지가 내 믿음의 담대함이
고 어디까지가 하나님의 인도하심인지를 분별해야 하는 것입
니다. 엘리야는 모든 일을 하나님의 말씀을 따라서 했습니다.
마른 하늘에서 불이 내려와 번제단을 사르고 도랑의 물까지
사르는 일은 하나님이 주도하신 것이지만, 그것을 믿고 구한
것은 엘리야가 주도적으로 한 것입니다. 갈멜산 전투는 하나
님이 계획하고 실행에 옮기도록 인도하신 사건입니다. 그러나
제단을 쌓고 도랑을 파 물을 가득 채운 것은 엘리야의 믿음으
로 한 것입니다.

여기서 가장 중요한 것은 엘리야의 믿음의 대상이 하나님이
라는 사실입니다. 그가 말씀을 따라 순종한 대상은 바로 하나
님이었습니다. 예수님도 환자를 고치실 때 "네 믿음이 너를 구
원하였노라"고 말씀하셨습니다. 고치신 이는 예수님이지만,
예수님을 구주로 믿는 것은 당사자 자신이라는 것입니다. 하

나님은 우리의 이 믿음을 집중해서 조명하십니다.

기도하는 가운데 영적 대결이 펼쳐질 때 주도적으로 하십시오. 상황과 사람에게 혹은 사탄에게 끌려 가지 마십시오. 하지만 핵심은 하나님의 음성을 듣고 그분의 말씀대로 움직이는 것입니다.

크신 하나님의 능력을 체험하라

이제 엘리야의 하나님이 일하실 때가 되었습니다. 엘리야는 주변의 모든 사람이 듣도록 기도합니다.

> 저녁 소제 드릴 때에 이르러 선지자 엘리야가 나아가서 말하되 아브라함과 이삭과 이스라엘의 하나님 여호와여 주께서 이스라엘 중에서 하나님이신 것과 내가 주의 종인 것과 내가 주의 말씀대로 이 모든 일을 행하는 것을 오늘 알게 하옵소서 왕상 18:36

엘리야는 이 모든 일이 하나님의 주도로 이뤄진 것임을 밝혀 달라고 기도합니다. 자신은 그저 하나님의 말씀에 순종해서 이 일을 벌였다고, 그러니 자신이 하나님의 종인 것을 만천하에 알려 달라고 기도합니다.

> 여호와여 내게 응답하옵소서 내게 응답하옵소서 이 백성에게 주
> 여호와는 하나님이신 것과 주는 그들의 마음을 되돌이키심을 알
> 게 하옵소서 하매 **왕상 18:37**

그리고 엘리야는 이도 저도 아닌 회색지대에서 방황하는 백성들에게 하나님이 은혜를 베푸시는 하나님을 알게 해달라고 기도합니다. 분별이 없어 우상숭배를 일삼고 아합에 의해 선지자들이 죽임을 당해도 침묵하던 백성들이잖습니까? 하지만 엘리야는 그들을 긍휼히 여겨 달라고 기도하고 있습니다. 중보기도에는 이런 긍휼의 마음이 필요합니다. 엘리야는 하나님을 배반하고 떠난 백성이지만 그들이 오늘 하나님이 하나님되심을 경험하게 해달라고 기도하고 있습니다.

> 이에 여호와의 불이 내려서 번제물과 나무와 돌과 흙을 태우고
> 또 도랑의 물을 핥은지라 모든 백성이 보고 엎드려 말하되 여호
> 와 그는 하나님이시로다 여호와 그는 하나님이시로다 하니 **왕상
> 18:38-39**

백성들의 반응이 보이십니까? 하나님 편인지 바알 편인지 분명히 선택하라고 할 때 침묵하던 그들이 지금 하나님을 찬양하고 있습니다. 예수님이 나와 같이 먹고 마시자고 초대했

을 때 이것저것 핑계를 대며 도망가던 그들입니다. 심지어 십자가에 못 박으라고 소리치던 그들입니다. 성경에는 이 사건 이후로 그들이 하나님께 돌아와 하나님을 섬겼다는 증언은 없습니다. 그래서 기복신앙은 하나님께 영광 돌리지 못합니다. 질병이 낫는 것보다 더 중요한 것은, 그것을 행한 이가 하나님이라는 사실을 아는 것입니다. 가뭄이 떠남으로써 굶주림을 해결한 것보다 더 중요한 것은 하늘에서 불을 내리고 물을 내리시는 이가 하나님이라는 사실을 알고 인정하는 것입니다.

> 엘리야가 그들에게 이르되 바알의 선지자를 잡되 그들 중 하나도 도망하지 못하게 하라 하매 곧 잡은지라 엘리야가 그들을 기손 시내로 내려다가 거기서 죽이니라 왕상 18:40

엘리야는 백성들이 하나님을 하나님으로 알고 죄에서 돌이켜 하나님으로 향하게 해달라고 기도했습니다. 엘리야의 위대함은 이 기도에서 나타납니다. 영성은 기적이 아니라 그 기적을 통해 사람들이 하나님께 돌아오게 하는 것입니다. 그리스도인의 영성은 그럴 때 의미 있는 영향력을 가질 수 있습니다.

20년 전쯤 남침례교 신학교에서 공부할 때입니다. 아프리카 우간다에서 사역하고 있는 선교사님이 아프리카 마사이족 이야기를 들려주었습니다. 마사이족은 얼마나 용맹한지 사자를 보면 입맛을 다실 정도라고 합니다. 그렇게 용맹한 마사이족에게 선교사님이 한번 싸우자고 도발했습니다. 싸워서 선교사님이 지면 더 이상 복음을 전하지 않겠으나 만일 선교사님이 이기면 복음을 받아들이고 예수님을 영접하라는 것이 전제 조건이었죠. 사실 이 도발은 하나님이 부추긴 것이라고 합니다. 하나님이 주신 지혜를 순종하는 마음으로 그렇게 도발한 것입니다.

마침내 마사이족 추장의 아들과 대결을 펼치게 되었고, 놀랍게도 선교사님이 승리를 거뒀습니다. 사실 선교사님은 특수부대 출신이었습니다. 더 놀라운 것은 그날 이후 추장이 예수님을 영접했다는 사실입니다.

우상숭배의 길을 걷던 백성을 돌이키시려고 하늘에서 불을 내려 주신 하나님입니다. 1대 850의 대결에서 승리를 안겨 주신 하나님입니다. 그 하나님이 하나님을 모르는 이들을 돌아오게 하기 위해 어떤 능력을 주시지 않겠습니까. 우리의 사명이 여기에 있습니다.

기도하는 가운데 영적 대결이 펼쳐질 때

① 오직 하나님만 선택한다

② 담대히 믿음의 선포를 한다

③ 무너진 삶을 회복한다

④ 하나님 말씀을 따라 실행에 옮긴다

⑤ 크신 하나님의 능력을 체험한다

하늘 문을 여는 기도

하나님, 매일이 기적이며 은혜임을 믿습니다. 주님이 이 기적과 은혜를 베푸셨음을 믿으며 감사합니다. 어떤 시험과 유혹 속에서도 오직 주님만 따르기를 원합니다. 우리가 만나는 고난이든지 영적인 전투든지 두려워하지 않고 믿음으로 담대하게 나아가기를 원합니다. 하나님의 말씀을 따라 순종하며 하나님의 인도하심을 받기 원합니다. 우리의 담대한 믿음으로 인하여 하나님을 떠난 사람들이 돌이켜 하나님께 돌아오는 역사가 일어나게 하옵소서. 엘리야가 배반을 일삼은 백성들을 긍휼의 마음으로 중보했듯이, 우리도 그 같은 위대한 영성을 갖게 하옵소서. 예수님의 이름으로 기도드렸습니다. 아멘.

6

불순물을 제거하고 기도 응답을 받는 원리

열왕기상 18장 41-46절

이스라엘 전역에 3년간 임한 가뭄의 원인은 바로 우상숭배였습니다. 우상이란 내가 가장 의지한 것을 말합니다. 이스라엘 백성이 하나님이 아니라 다른 것을 의지하고 숭배했다는 것입니다. 내가 의지하는 것이 우상인지 아닌지는 고난이 닥치면 알 수 있습니다. 고난이 닥쳤을 때 내가 가장 먼저 붙드는 것, 그것이 바로 나의 우상입니다.

하나님은 3년의 가뭄이라는 고난을 주셔서 이스라엘 백성이 무엇을 의지하고 붙드는지를 보여 주셨습니다. 그들이 의지한 바알은 풍요의 신으로 알려졌지만, 가뭄도 해결 못하는 우상에 불과했습니다. 그런 점에서 고난은 하나님을 하나님으로 인정하게 만드는 은혜의 시간입니다.

마침내 하나님은 엘리야를 통해 갈멜산 정상에 다시 쌓은 제단에 불을 내리심으로써 하나님이 참된 신임을 보여 주셨습니다. 하나님은 엘리야의 간절한 기도에 응답해 불을 내려 주셨습니다. 그런데 이 불은 엘리야가 제단을 쌓고 드린 송아지를 태우는 흠향의 불인 동시에, 우상을 제거하는 심판의 불이었습니다. 불은 신앙에서 멀어진 사람의 마음을 회복하는 치유의 불인 동시에 우리 내면에 깃든 불순물과 찌꺼기를 사르는 정화의 불이었습니다. 엘리야가 하나님이 내린 불을 경험한 후에 바알 선지자들을 제거한 이유도 이 때문입니다.

우리 삶에 하나님이 주시는 기적이 일어나길 원한다면 먼저 내 안의 우상을 불로 태워야 합니다. "오 주님 채우소서. 나의 잔을 높이 듭니다"라는 찬양 가사가 있습니다. 하나님의 능력과 사랑이 충만히 채워지려면 먼저 비워야 합니다. 비워진 만큼 채워집니다.

그리고 기적이나 기도 응답보다 더 중요한 것은 내 삶의 무너진 예배를 회복하는 것입니다. 엘리야가 갈멜산에서 언젠가 하나님을 위해 쌓은 제단을 수축하고 12지파를 상징하는 돌을 세운 것은 예배의 회복을 위한 것이었습니다. 이스라엘 백성이 무너뜨린 것이 무엇인지를 상징적으로 보여 주는 퍼포먼스였습니다. 예배의 회복은 곧 하나님과의 관계 회복을 의미합니다. 기적이나 기도 응답은 그 자체로 의미가 없습니다. 하나님의 불로 내 내면에 깃든 우상과 불순물을 제거하고 하나님과 관계를 회복하는 것이 가장 큰 기적이며 참된 기도 응답입니다.

진정성 있는 기도가 응답받는다

기도하십니까? 어떻게 기도하고 있습니까? 기도는 간절하게 해야 합니다. 간절하지 않은 기도는 하나님이 기뻐하시지 않습니다. 제가 하나님이라도 간절함이 빠진 기도에 응답하고 싶지 않을 것 같습니다.

간절함은 상황이 그만큼 위급하다는 것을 알려 줍니다. 고난이 많은 사람은 간절할 수밖에 없습니다. 간절함은 진정성을 갖게 됩니다. 진정성이란 신실한 마음을 말합니다. 되도 그만 안 되도 그만이라는 마음으로 드리는 기도에 신실한 마음이 깃들 리 만무합니다. 신실한 마음은 하나님이 아니면 안 된다는 절박한 심정에서 나옵니다.

> 너희 중에 누구든지 지혜가 부족하거든 모든 사람에게 후히 주시고 꾸짖지 아니하시는 하나님께 구하라 그리하면 주시리라 오직 믿음으로 구하고 조금도 의심하지 말라 의심하는 자는 마치 바람에 밀려 요동하는 바다 물결 같으니 이런 사람은 무엇이든지 주께 얻기를 생각하지 말라 두 마음을 품어 모든 일에 정함이 없는 자로다 약 1:5-8

두 마음을 품고 있다면 주님의 응답을 받을 생각을 하지 말라고 합니다. 진정성이 결여된 기도, 하나님이 아니면 안 된다는 신실함이 빠진 기도에 하나님은 응답하지 않으십니다.

하나님만이 이 긴박한 문제를 해결하실 수 있다는 간절한 마음, 그것이 정금과 같은 마음입니다. 고난 속에서 빚어지는 정금 같은 마음입니다. 하나님이 그 정금 같은 마음을 받으시고자, 우리에게서 그 정금 같은 마음을 발견하시고자 우리 삶 가운데 고난을 허락하십니다. 고난 가운데 있을 때 "하나님밖에 없습니다. 하나님 항복합니다"라고 고백할 때 하나님은 기뻐하시며 우리 문제를 해결해 주십니다.

엘리야는 갈멜산 대결 이후 아합에게 이제 먹고 마시라고 합니다. 하늘에서 불을 내리신 하나님이 이제 곧 큰비도 내리실 줄 믿기 때문입니다.

> 엘리야가 아합에게 이르되 올라가서 먹고 마시소서 큰비 소리가 있나이다 왕상 18:41

저는 이 구절을 읽을 때마다 마음이 불편합니다. 아니 화가 납니다. 악 중에 악인 아합에게 이제 먹고 마시라니요! 갈멜산 대결의 승리를 위해 아합이 무엇을 했습니까? 가뭄 끝에 내리는 비를 위해 아합이 무엇을 했습니까? 그런데 그 유익을 왜 아합이 취하는 겁니까?

주석을 뒤져봐도 이 구절에 대한 설명이 별로 없습니다. 누구도 시원한 해석을 내놓지 않았습니다. 고심끝에 내린 제 나름의 해석은 이렇습니다.

다니엘과 요셉, 에스더 등 이방의 왕을 섬긴 이들도 아합을 대하는 엘리야와 다르지 않았습니다. 그들이 섬긴 왕들은 모두 비록 하나님을 모르거나 하나님을 외면했지만 하나님의 사람들은 왕으로서 그들의 권세를 존중했습니다. 악인을 심판하는 것은 하나님께 속한 일이므로 그들은 다만 사회의 질서를 존중했던 것 같습니다. 아합도 나중에 비참한 죽음으로 하나님의 심판을 받습니다. 엘리야를 괴롭힌 아합이지만 아합을 심판하는 것은 엘리야의 몫이 아닙니다.

그럼에도 지난 20년간 이 구절을 놓고 씨름한 저로선 마음이 불편합니다. 더 씨름해야 하나 봅니다.

> 아합이 먹고 마시러 올라가니라 엘리야가 갈멜산 꼭대기로 올라가서 땅에 꿇어 엎드려 그의 얼굴을 무릎 사이에 넣고 **왕상 18:42**

아합이 엘리야의 말을 듣고 먹고 마셨다고 합니다. 참으로 한심한 왕입니다. 3년여 가뭄의 원인이 자신에게 있음에도, 그 때문에 백성이 고통을 겪었음에도, 아무런 반성 없이 먹고 마시며 즐기고 있습니다. 이런 지도자를 둔 백성은 불행할 수밖에 없습니다. 이런 리더는 백성에게 재앙입니다.

가뭄의 원인인 왕이 먹고 마시는 동안 엘리야는 무엇을 하고 있습니까? 갈멜산 정상으로 올라가 무릎을 꿇고 있습니다. 바알 선지자들과 대결하느라 하루 종일 아무것도 먹지 못했을 것입니다. 혼자서 850명의 이방 선지자들을 상대하느라 기진

맥진했을 것입니다. 그런데도 엘리야는 지금 다음 기적을 위해 숨 쉴 틈도 없이 갈멜산 정상으로 달려갔습니다. 그러고는 땅에 몸을 완전히 엎드려 얼굴을 무릎 사이에 넣고 기도합니다.

기적은 사람이 일으키는 것이 아닙니다. 기적을 경험한 뒤에도 이 사실을 잊어서는 안 됩니다. 우리가 자랑할 것이 아무것도 없습니다. 다만 겸손히 하나님께 무릎을 꿇어야 합니다. 능력은 엘리야와 함께하시는 하나님께 있기에 엘리야는 갈멜산 대결을 끝낸 뒤에도 겸손히 무릎을 꿇었습니다. 얼마나 감격스러운 장면입니까.

엘리야의 겸손은 간절함에서 나온 것입니다. 그만큼 절박해서 먹지도 쉬지도 못하고 무릎을 꿇은 것입니다. "나는 할 수 없습니다" 하고 항복할 때 하나님께서 때가 되면 높여 주십니다. 엘리야를 높이신 것처럼 말입니다.

약속의 말씀을 붙드는 자에게 하나님은 응답하신다

그의 사환에게 이르되 올라가 바다 쪽을 바라보라 그가 올라가 바라보고 말하되 아무것도 없나이다 이르되 일곱 번까지 다시 가라 왕상 18:43

엘리야의 간절함이란 이런 것이었습니다. 엘리야의 종이

바다 쪽으로 가서 보고 "주인님 구름이 없습니다" 하면 엘리야가 기도한 후에 "가서 다시 봐라!" 하기를 일곱 번이나 했다는 것입니다.

나아만 장군도 요단강에 몸을 일곱 번 담근 끝에 나병을 치료받았습니다. 하나님은 왜 한 번에 들어주시지 않고 이렇게 애를 태운 뒤에 응답해 주시는 걸까요? 기적은 결과가 아니라 과정이 중요하기 때문입니다. 그 과정에서 우리는 하나님이 하나님이심을 깨닫게 되고 인정하게 되기 때문입니다. 예수님은 베드로에게 세 번이나 "네가 나를 사랑하느냐?"고 물으셨습니다. 엘리야의 간절한 기도를 일곱 번이나 반복시키면서 하나님이 하시고 싶은 말씀도 "네가 나를 사랑하느냐?"였습니다. 나아만 장군에게 일곱 번 요단강에 몸을 담그라면서 하고 싶으신 말씀도 "네가 나를 사랑하느냐?"였습니다.

하나님은 이 일곱 번의 과정을 통해 우리가 붙든 것이 무엇인지 바라보게 하십니다. 하나님의 약속의 말씀을 붙들고 있는가, 세상 욕심을 붙들고 있는가?

> 일곱 번째 이르러서는 그가 말하되 바다에서 사람의 손만 한 작은 구름이 일어나나이다 이르되 올라가 아합에게 말하기를 비에 막히지 아니하도록 마차를 갖추고 내려가소서 하라 하니라 왕상 18:44

마침내 하나님의 때가 되었습니다. 저 멀리 바다 쪽에서 작은 구름이 일어난 것입니다. 지중해에서 비를 일으키는 먹구름이 떠올랐습니다. 그 구름을 보고 엘리야는 드디어 하나님이 비를 내리실 것이라는 확신을 할 수 있었습니다.

> 조금 후에 구름과 바람이 일어나서 하늘이 캄캄해지며 큰비가 내리는지라 아합이 마차를 타고 이스르엘로 가니 여호와의 능력이 엘리야에게 임하매 그가 허리를 동이고 이스르엘로 들어가는 곳까지 아합 앞에서 달려갔더라 왕상 18:45-46

이 장면에서도 화가 납니다. 아합은 수십 마리가 호위하는 마차를 타고 가고 엘리야는 허리를 동이고 아합의 마차를 인도하며 뛰고 있습니다. 갈멜산에서 사마리아성까지 대략 27km에 이릅니다. 큰비가 왔으니 땅이 질퍽해졌을 것입니다. 그 질퍽한 땅을 엘리야가 혼신의 힘을 다해 달려가고 있습니다.

그런데 성경은 하나님의 능력이 엘리야에게 임했기 때문에 엘리야가 비바람을 헤치며 초인적인 힘으로 달려갔다고 말하고 있습니다. 지금 달리는 이는 엘리야가 아니라 엘리야 안에 계신 하나님이신 것입니다. 아합은 이 세상 권력의 상징인 마차를 타고 가지만, 하나님의 사람은 맨발로 뛰고 있습니다. 그런데 이때 하나님이 그와 함께 뛰고 있습니다. 이것이 세상과

구별된 하나님의 사람이 살아가는 방식입니다.

　우리는 여기서 깊이 생각해야 합니다. 하나님은 비가 오지 않는 것도 약속하셨고, 3년 6개월 후에 비가 올 것도 약속하셨습니다. 우리가 주목할 것은 엘리야는 하나님의 약속이 이뤄질 줄 명백히 알면서도 기도에 힘썼다는 것입니다. 가뭄을 위해 기도했고 불을 내리게 해달라고 기도했고 비가 오게 해달라고 기도했습니다. 그것도 혼신의 힘을 다해 기도했습니다.

> 엘리야는 우리와 성정이 같은 사람이로되 그가 비가 오지 않기를 간절히 기도한즉 삼 년 육 개월 동안 땅에 비가 오지 아니하고 다시 기도하니 하늘이 비를 주고 땅이 열매를 맺었느니라 약 5:17-18

　J. B. 필립스(Phillips)는 《네 하나님은 너무 작다》(Your God is too small)라는 책에서 사람들이 얼마나 하나님을 제한하고 있는지를 이야기합니다. 많은 사람이 교회에 다니면서도 자신의 경험, 지식, 전통, 이성으로 하나님을 제한합니다. 하나님을 하나님으로 인정하지 않고 각자 자기만의 착각 속에서 믿음생활을 합니다. '21세기 교회를 움직인 100권의 책' 중 하나인데 책 제목만 봐도 은혜가 됩니다. 이 책의 내용처럼 하나님을 하나님으로 인정하지 않는데 어떻게 하늘에서 불과 비가 내려오겠습니까? 하나님을 하나님으로 인정하지 않는데 어떻게 기도가

응답되겠습니까?

그러나 엘리야는 하나님을 하나님으로 인정하고, 환경에 굴하지 않으며, 담대하게 기도로 나아갔습니다. 그러할 때 누구도 경험할 수 없는 놀라운 기적을 체험할 수 있습니다.

엘리야와 같은 기도의 사람이 이 시대에도 필요합니다. 정말 필요합니다. 우리 모두가 기도의 용사로 헌신되기를 기도합니다.

우리는 엘리야에게서 하나님의 약속을 믿고 기다린다는 것은 그냥 아무것도 안 한다는 것이 아님을 배웁니다. 오히려 약속을 알기에 더 간절히 기도해야 한다는 것을 배웁니다. 하나님의 약속은 그냥 저절로 이루어지는 것이 아니라, 그것을 붙들고 믿음과 인내로 기도하는 사람들을 통해서 이루어지기 때문입니다. 예수님은 부활 후 승천하시면서 제자들에게 성령을 선물로 받으라 하셨습니다. 제자들은 예수님의 약속의 말씀을 붙들고 전심으로 기도했습니다. 약속의 말씀을 의지한다는 것은 그 약속을 붙들고 기도한다는 뜻입니다. 기도하는 이에게 하나님은 약속을 성취하십니다.

불순물을 제거하고
기도 응답을
받는 원리

① 먼저 내 안의 우상을 태운다

② 기도로 하나님과 관계를 회복한다

③ 절박한 심정으로 겸손히 무릎을 꿇는다

④ 믿음과 인내로 약속의 말씀을 붙들고 기도한다

하늘 문을 여는 기도

하나님, 먼저 내 안에 있는 모든 죄악된 불순물들을 하나님의 거룩한 불로 태워 주시고 기도 가운데 하나님을 만날 수 있는 간절함과 진실된 마음을 허락하여 주옵소서. 내 배경이나 겉모습이 아니라 내 마음의 중심을 보시는 하나님을 찬양합니다. 내겐 아무 능력이 없지만, 천지를 지으시고 불과 능력을 내려 주시는 하나님께 능력이 있음을 감사합니다. 갈멜산에서 불과 물로 하나님의 하나님 되심을 나타내신 주님을 송축합니다. 이 시간 병원에서, 골방에서 엎드려 자복하며 고쳐 주시기를 기도하는 모든 백성의 기도가 하늘에 상달되기를 간절히 바랍니다. 오늘 갈급한 심정으로 하늘에서 구름 한 조각을 보길 간구하는 주의 백성에게 응답하여 주옵소서. 우리 인생의 그 어떤 문제보다 크신 주님을 바라보는 믿음의 눈을 허락하여 주옵소서. 성령의 단비를 흠뻑 내려 주옵소서. 예수님의 이름으로 기도드렸습니다. 아멘.

7

죽고 싶을 때 해야 할 6가지

열왕기상 19장 1-18절

요즘 코로나 블루로 말미암아 우울증이 5배나 증가했다는 보고서를 본 적이 있습니다. 작년 말 미국에선 4명 중 1명이, 한국에서는 3명 중 1명이 코로나 블루를 겪는다는 뉴스 보도도 있었습니다. 많은 사람이 정신적·경제적 고통을 호소하며 극단적 선택까지 하고 있습니다. 그런 때일수록 잠시 멈춤을 하고 엘리야의 이야기에 귀를 기울이면 좋겠습니다. 엘리야의 이야기가 그들에게 마지막 기회였으면 좋겠습니다.

잠시 멈추어 생각하라

엘리야가 1대 850으로 갈멜산 전투를 치른 뒤 3년 6개월의 가뭄이 그치고 비가 왔습니다. 이로써 하나님의 하나님 되심이 만천하에 증거되었습니다. 온 백성이 이방신 바알과 아세라가 죽은 신이며 의지할 수 없는 우상에 불과하다는 걸 이제 알게 되었습니다. 이 얼마나 감격스럽고 기쁜 일입니까.

그런데 다음 순간 놀라운 반전이 일어납니다.

> 아합이 엘리야가 행한 모든 일과 그가 어떻게 모든 선지자를 칼로 죽였는지를 이세벨에게 말하니 왕상 19:1

아합이 이 모든 사실을 이세벨에게 말합니다. 이세벨은 무엇 때문인지 갈멜산 전투에 나오지 않았던 모양입니다. 그런데 이세벨의 다음 행동을 보면 아합의 말은 소식을 전한 게 아니라 일러바치는 치졸함 수준이었던 것 같습니다.

"여보, 나 무서워. 엘리야가 글쎄 하늘에서 불이 내려오는 기적을 일으키고 우리 금쪽같은 바알 선지자들을 다 죽였어. 나 좀 도와줘."

한 나라를 책임지는 왕이 겨우 이것밖에 안 되는 것입니다.

> 이세벨이 사신을 엘리야에게 보내어 이르되 내가 내일 이맘때에는 반드시 네 생명을 저 사람들 중 한 사람의 생명과 같게 하리라 그렇게 하지 아니하면 신들이 내게 벌 위에 벌을 내림이 마땅하니라 한지라 왕상 19:2

과연 이세벨은 성경에서 악의 상징이라고 불릴 만합니다. 갈멜산 전투의 놀라운 소식을 듣고 무서워 떨어야 할 순간에 이세벨은 도리어 화를 내며 엘리야를 겁박합니다. "내일 이맘때"라고 시간까지 정해서 너를 죽이고 말겠다고 이를 갑니다. 그런데 우리를 당황스럽게 하는 건 이세벨의 분노에 반응하는 엘리야의 모습입니다.

> 그가 이 형편을 보고 일어나 자기의 생명을 위해 도망하여 유

다에 속한 브엘세바에 이르러 자기의 사환을 그곳에 머물게 하
고 _왕상 19:3_

성경에서 한날에 불과 물의 기적을 일으킨 사람은 오직 엘
리야밖에 없습니다. 죽음을 보지 않고 하늘에 올라간 사람도
에녹과 엘리야밖에 없습니다. 엘리야는 위대한 선지자의 상징
같은 인물입니다. 그런 엘리야가 이세벨의 독기에 찬 분노에
겁을 먹고 도망을 갔습니다. 심지어 하나님께 자기를 차라리
죽여 달라고 합니다.

> 자기 자신은 광야로 들어가 하룻길쯤 가서 한 로뎀나무 아래에
> 앉아서 자기가 죽기를 원하여 이르되 여호와여 넉넉하오니 지금
> 내 생명을 거두시옵소서 나는 내 조상들보다 낫지 못하니이다 하
> 고 _왕상 19:4_

참으로 당황스러운 상황이 아닐 수 없습니다. 우리는 삶이
힘들어지면, 더 이상 내 힘으로 어쩌지 못한 상황에 몰리면 죽
기를 원합니다. 차라리 죽고 싶다고 말합니다. 하지만 그것은
우리 같은 평범한 사람들이나 할 수 있는 투정 아닙니까? 위대
한 선지자 엘리야가 어떻게 차라리 죽어 버리겠다는 말을 한
단 말입니까? 그런데 엘리야도 사람일 뿐입니다. 아무리 위대

해도 사람에 불과합니다. 세상 영화를 누리던 유명인이 삶의 무게를 견디지 못하고 스스로 목숨을 끊는 일이 우리 주변에도 비일비재합니다.

우리나라는 OECD 국가 중 인구 대비 자살률이 가장 높습니다. 인구 대비 청소년 자살률이 가장 높습니다. 그만큼 현실이 녹록하지 않은 것입니다. 국민들이 느끼기에 행복하지 못한 것입니다.

죽고 싶은 상황들이 생길 때 어떻게 해야 할까요? 가장 먼저 할 일은 문제 상황에서 거리를 두기 위해 빠져나오는 것입니다.

> 그가 이 형편을 보고 일어나 자기의 생명을 위해 도망하여 유다에 속한 브엘세바에 이르러 자기의 사환을 그곳에 머물게 하고 왕상 19:3

엘리야는 가장 먼저 두려운 현장에서 도망쳤습니다. 죽고 싶을 만큼 고통스러울 때 잠시 그 상황에서 나를 떨어뜨려 놓아야 합니다. 그 상황에서 거리를 두어야 합니다. 그 문제 상황에 깊이 관여하면 관여할수록 정상적인 생각을 할 수가 없기 때문입니다. 잠시 그 상황에서 빠져나와 뇌가 정상적인 회로를 찾을 때까지 시간을 벌어야 합니다.

> 로뎀 나무 아래에 누워 자더니 왕상 19:5

그리고 무조건 쉬는 겁니다. 이때 가장 중요한 것은 문제 상황을 분석하고 판단하는 것을 멈추는 것입니다. 엘리야는 잠을 잠으로써 그 문제 상황에서 벗어났습니다. 그 상황에서 빠져나오는 나만의 방법을 찾아야 합니다.

하나님께 하소연하라

그런 다음 해야 할 일은 내 상황을 하나님께 하소연하는 것입니다. 죽고 싶은 생각이 든다는 것은 내 마음을 털어놓고 소통할 대상이 없다는 의미이기도 합니다. 그 곁에 이야기를 들어주는 한 사람만 있으면 사람은 자살하지 않는다고 합니다. 그 한 사람도 없을 때, 사방이 꽉 막혀 있을 때 우리는 하늘을 바라봐야 합니다.

> 자기 자신은 광야로 들어가 하룻길쯤 가서 한 로뎀나무 아래에 앉아서 자기가 죽기를 원하여 이르되 여호와여 넉넉하오니 지금 내 생명을 거두시옵소서 나는 내 조상들보다 낫지 못하니이다 하고 왕상 19:4

엘리야는 사환도 물리고 혼자 유대 광야 한복판으로 들어가 로뎀나무 아래서 기대어 있습니다. 높이가 고작 2~3m밖에 안

되는 로뎀나무로는 광야의 불볕을 피할 수 없습니다. 그러나 엘리야는 지난 며칠간 혼신을 다해 1대 850으로 싸웠고 3년여의 가뭄을 끝내는 비를 내리게 했으며 곧이어 광야로 도망쳐 왔습니다. 그는 영적으로나 육적으로나 탈진 상태에 있습니다. 그런 상태에서 엘리야는 앞선 선지자들과 자신을 비교합니다. 비교는 강한 열등감을 불러옵니다. 더 큰 절망으로 스스로를 끌고 가고 있습니다.

그런데 다행히 엘리야는 그 절망의 순간에 하나님께 자기의 심정을 하소연하고 있습니다. 솔직한 심정을 털어놓습니다. 이때는 하나님께 화를 내고 따지고 원망하는 소리를 해도 괜찮습니다. 영혼이 탈진한 상태에서는 그 순간 느끼는 모든 감정을 하나님께 쏟아 내는 것이 중요합니다. 하나님은 그 모든 감정 쓰레기를 다 받아 주십니다. 사람은 외면해도 하나님은 그 이름을 부르는 우리를 외면하시지 않습니다.

하나님의 위로하심을 받아라

로뎀나무 아래에 누워 자더니 천사가 그를 어루만지며 그에게 이르되 일어나서 먹으라 하는지라 왕상 19:5

그렇게 고통스러운 감정을 다 쏟아 낸 후 엘리야는 잠이 들었습니다. 잠든 엘리야를 천사가 어루만지고 있습니다. '어루만진다'는 히브리어로 반복된 동작을 의미합니다. 하나님이 계속해서 반복적으로 엘리야를 어루만지셨다는 뜻입니다.

> 본즉 머리맡에 숯불에 구운 떡과 한 병 물이 있더라 이에 먹고 마시고 다시 누웠더니 왕상 19:6

완전히 탈진한 엘리야를 하나님께서 먹이시며 위로하십니다. 예수님도 당신을 배신하고 도망간 제자들을 찾아가 먹이시며 위로하셨습니다. 엘리야가 얼마나 피곤했던지 먹고 마신 뒤 다시 잠이 들었습니다.

> 여호와의 천사가 또다시 와서 어루만지며 이르되 일어나 먹으라 네가 갈 길을 다 가지 못할까 하노라 하는지라 왕상 19:7

하나님께서 다시 잠든 엘리야를 걱정하고 계십니다. 염려하며 상처를 싸매시고 위로하십니다. 하나님은 우리를 사랑하시기로, 어떤 상황에서도 우리를 회복하고 위로하시기로 작정하신 분입니다. 그 하나님을 받아들이고 안 받아들이고는 우리의 선택에 달려 있습니다.

예배의 자리로 가 하나님을 만나라

선택은 나의 문제입니다. 그 책임도 내가 져야 합니다. 특별히 죽음과 삶의 기로에 섰을 때 더 중요합니다. 엘리야는 결정합니다.

> 이에 일어나 먹고 마시고 그 음식물의 힘을 의지하여 사십 주 사십 야를 가서 하나님의 산 호렙에 이르니라 왕상 19:8

하나님의 계속적인 보살핌과 위로하심으로 엘리야가 힘을 얻은 뒤 40일을 달려 호렙산으로 갔습니다. 모세가 하나님을 만난 시내산이 곧 호렙산입니다. 다시 말해 엘리야가 하나님을 만나기 위해 예배의 자리로 달려간 것입니다.

죽고 싶을 때, 사방이 가로막혀 도망칠 곳이 없을 때, 삶의 무게가 너무 무거워 피할 곳이 없을 때, 우리가 할 일은 예배의 자리로 가는 것입니다.

죽고 싶은 원인을 찾아보라

엘리야가 그곳 굴에 들어가 거기서 머물더니 여호와의 말씀이 그에게 임하여 이르시되 엘리야야 네가 어찌하여 여기 있느냐 그가

대답하되 내가 만군의 하나님 여호와께 열심이 유별하오니 이는
이스라엘 자손이 주의 언약을 버리고 주의 제단을 헐며 칼로 주
의 선지자들을 죽였음이오며 오직 나만 남았거늘 그들이 내 생명
을 찾아 빼앗으려 하나이다 왕상 19:9-10

엘리야가 하나님의 위로를 받고 깊은 절망에서 빠져나와 예
배의 자리로 돌아간 뒤 지난 시간을 돌아보고 있습니다. 정신
이 좀 들면 기도하면서 내가 왜 죽고 싶었는지 곰곰 따져보아
야 합니다. 근본적인 원인을 찾아야 합니다.

그런데 엘리야는 '나만 남았다'고 말하고 있습니다. 나 혼자
하나님을 하나님으로 알아보며 사랑한다고 말하고 있습니다.
갈멜산 전투 당시에도 백성에게 이와 같은 말을 했습니다.

엘리야가 백성에게 이르되 여호와의 선지자는 나만 홀로 남았으
나 바알의 선지자는 사백오십 명이로다 왕상 18:22

악에 대항하는 이가 엘리야 혼자라고 말하고 있는 것입니
다. '혼자' 남겨졌다는 생각에 사로잡히면 죽고 싶습니다. 혼자
남겨진 상황은 가장 외로운 상황이며 더 이상 희망이 없는 최
악의 상황이기 때문입니다.

〈루카스〉라는 뮤지컬이 있습니다. 캐나다 토론토의 발달

장애인 공동체 '데이브레이크'를 바탕으로 제작한 감동 실화입니다. 이 이야기는 우리에게 엄청난 소망을 주고 있습니다. 지능이 일곱살 밖에 되지 않는 지적장애인 부부가 아이를 가졌는데 선천적 기형 때문에 탯줄을 끊으면 15분 내로 죽을 수밖에 없다는 이야기를 듣습니다. 의사는 유산을 권고합니다. 하지만 장애인 부모는 자식을 낳기로 결정합니다. 단 15분이라도 사랑하는 아이가 세상을 보게 하고 싶었습니다. 그런데 그 아이는 기적적으로 17일을 살았습니다. 저는 이 뮤지컬을 보면서 하나님의 놀라운 사랑을 깨달을 수 있었습니다.

10여 년 전에 이민 교회를 목회했을 때, 목사 친구를 잃은 적이 있습니다. 평소 간질을 앓았는데 갑자기 발작이 일어나 심장마비로 세상을 떠난 것입니다. 그 친구 곁에 누군가 한 사람이라도 있었다면 죽음에 이르지 않았을 텐데, 안타깝게도 사모님은 심장판막 수술을 해야 해서 병원에 입원한 상태였습니다. 사모님은 자신도 몸이 아팠지만 자녀도 정신지체를 앓고 있었습니다. 게다가 남편까지 잃었습니다.

친구 목사 가정이야말로 최악의 상황이 아닙니까? 하지만 그들은 절망으로 스스로 목숨을 끊지 않았습니다. 하나님을 원망하거나 떠나지도 않았습니다. 그 고통스러운 고난에서 하나님을 깊이 만남으로 도리어 다른 사람들을 위로하는 삶을 살았습니다.

최악의 상황에 놓여 있습니까? 나만 혼자 버려졌다고 생각됩니까? 아닙니다. 우리는 최악의 상황에 놓여 있지도 혼자 버려지지도 않았습니다.

> 그가 대답하되 내가 만군의 하나님 여호와께 열심이 유별하오니 이는 이스라엘 자손이 주의 언약을 버리고 주의 제단을 헐며 칼로 주의 선지자들을 죽였음이오며 오직 나만 남았거늘 그들이 내 생명을 찾아 빼앗으려 하나이다 왕상 19:10

엘리야는 이렇듯 계속해서 자신의 열심과 헌신을 강조하면서 자기만 하나님을 섬기는 선지자라고 말하고 있습니다. 나만 최선을 다하고, 나만 하나님의 사람이고, 나만 하나님을 사랑한다고 여기는 교만이 엘리야에게 있었습니다. 열등감과 교만함은 늘 함께 공존합니다. 둘 다 비교의식 때문에 생긴 것이니까요.

야고보는 엘리야가 우리와 성정이 같은 사람이었으나 한날에 불과 비를 내리는 기적을 일으킨 위대한 선지자라고 했습니다. 맞습니다. 그러나 우리가 얼마나 잘했든 얼마나 위대한 일을 했든 그 영광은 우리의 것이 아니라 하나님의 것이어야 마땅합니다. 연약한 우리를 사용해 하나님이 일하신 결과이기 때문입니다.

엘리야가 그곳 굴에 들어가 거기서 머물더니 여호와의 말씀이 그

에게 임하여 이르시되 엘리야야 네가 어찌하여 여기 있느냐

왕상 19:9

엘리야가 듣고 겉옷으로 얼굴을 가리고 나가 굴 어귀에 서매 소

리가 그에게 임하여 이르시되 엘리야야 네가 어찌하여 여기 있느

냐 **왕상 19:13**

"네가 어찌하여 여기 있느냐?" 하나님은 죽고 싶다는 사람

들에게 이같이 질문하십니다. 이는 '너는 어디로부터 왔느냐?

너를 만드신 분이 누구냐? 네 인생의 목적은 무엇이냐? 너는

어디로 가고 있느냐?'는 존재론적 질문입니다. 우리가 당한 고

난은 겉으로 드러난 빙산의 일각에 불과합니다. 드러나지 않

은 근본적인 것은 바로 이 질문에 있습니다. 이 질문에 답할 때

인생의 고난은 인생길에 놓인 과정에 불과하다는 것을 알게

됩니다. 문제 상황이 객관적으로 보이기 시작하는 것입니다.

감사를 회복하라

하나님이 엘리야에게 여호와 앞에 서라고 하십니다.

여호와께서 이르시되 너는 나가서 여호와 앞에서 산에 서라 하시

더니 여호와께서 지나가시는데 여호와 앞에 크고 강한 바람이 산

을 가르고 바위를 부수나 바람 가운데에 여호와께서 계시지 아니

하며 바람 후에 지진이 있으나 지진 가운데에도 여호와께서 계시

지 아니하며 또 지진 후에 불이 있으나 불 가운데에도 여호와께서

계시지 아니하더니 불 후에 세미한 소리가 있는지라 엘리야가 듣

고 겉옷으로 얼굴을 가리고 나가 굴 어귀에 서매 소리가 그에게 임

하여 이르시되 엘리야야 네가 어찌하여 여기 있느냐 왕상 19:11-13

하나님이 지나가시는데 크고 강한 바람이 산을 가르고 바위
를 부수며 지진이 일어나고 불이 납니다. 그러나 그중 어디에
도 하나님은 보이지 않습니다. 엘리야가 갈멜산 전투에서 놓
친 부분이 바로 이것입니다. 우리 삶 가운데 일어나는 기적이
중요한 것이 아니라 그 기적을 일으킨 하나님을 만나는 것이
중요하다는 것입니다. 3년 6개월의 가뭄과 한날에 불과 물이
내리는 일련의 사건은 하나님이 계획을 세우시고 이끄시고 이
룩하신 일입니다.

엘리야를 광야에서 훈련하시고 영적 전투를 치르게 하시며
세상에 비를 내리는 기도를 하게 하신 분은 하나님입니다. 이
모든 사건에서 엘리야가 절대로 놓치지 말아야 할 것은 그 일
을 행하시는 하나님입니다. 호렙산에서 바람이 산을 가르고

바위를 부수고 지진이 나고 불이 날 때 그것들의 주체는 하나님임을 잊지 말아야 하듯이 말입니다.

하나님은 불과 지진이 아니라 세미한 음성으로 나타나셔서 엘리야를 만나십니다.

> 여호와께서 그에게 이르시되 너는 네 길을 돌이켜 광야를 통하여 다메섹에 가서 이르거든 하사엘에게 기름을 부어 아람의 왕이 되게 하고 왕상 19:15

"네 길을 돌이켜"라고 하나님은 분명히 말씀하십니다. 하나님이 베푸신 능력, 은혜, 역사를 잊어버리고 '나만 남았다'라며 '나'를 주장하는 그 길에서 돌이키라고 말씀하십니다. 하나님이 주장하시는 길만이 소생의 길이요 생명의 길입니다.

> 그러나 내가 이스라엘 가운데에 칠천 명을 남기리니 다 바알에게 무릎을 꿇지 아니하고 다 바알에게 입맞추지 아니한 자니라
> 왕상 19:18

하나님은 뜻밖의 말씀을 하십니다. 패역한 이스라엘 땅에 바알에 무릎 꿇지 않은 자를 7천 명이나 남겨 놓으셨다는 것입니다. 내 눈엔 온통 비참한 것뿐이지만 하나님이 비참하지 않을

이유를 곳곳에 심어 놓으셨습니다. 도리어 감사할 이유를 곳곳에 두셨습니다. 엘리야는 '나 혼자'라서 비참하고 고통스럽다고 했지만, 하나님은 이미 7천 명을 남겨 놓으셔서 하나님의 일을 하고 계셨습니다.

그러므로 절망은 감사하지 못하기 때문입니다. 감사를 잃어 버려서, 하나님이 남겨 놓으신 감사의 이유를 알아보지 못해서 절망하는 것입니다. 최악의 상황이라고 절망하고 있습니까? 감사를 회복하십시오. 감사가 능력입니다.

> 우리에게 있는 대제사장은 우리의 연약함을 동정하지 못하실 이가 아니요 모든 일에 우리와 똑같이 시험을 받으신 이로되 죄는 없으시니라 히 4:15

죽고 싶을 정도로 고난을 겪을 때 우리가 기억해야 할 것이 있습니다. 하나님은 우리가 겪는 고난과 고통을 직접 겪으신 분이라는 사실입니다. 예수님은 우리 죄를 대속하기 위해 이 땅에 오셨고 십자가 고난을 당하셨습니다. 우리가 겪는 어떤 고난도 예수님이 체휼하시지 못하는 고난은 없습니다.

영국의 청교도 신학자 리처드 백스터(Richard Baxter)는 "예수님은 당신 스스로 지나신 곳보다 더 어두운 곳으로 나를 인도하시지 않는다"고 말했습니다.

고난 가운데 있다면, 이보다 더 나쁜 상황이 없다고 생각된다면, 엘리야를 찾아와 어루만지며 위로하신 하나님께 나아가십시오. 그리고 "나도 내 아들 예수가 십자가에 달려 죽을 때 죽고만 싶었단다" 하시는 하나님의 세밀한 음성에 귀를 기울이십시오. 또한 엘리야를 위해 7천 명을 남겨 놓으신 하나님이 우리 삶 가운데 감사하고 기뻐할 이유를 곳곳에 배치해 두셨음을 믿고 감사를 회복하십시오.

죽고 싶을 때
해야 할
6가지

① 문제 상황에서 빠져나와 잠시 멈추어 생각한다

② 하나님께 죽고 싶다고 하소연한다

③ 하나님의 위로하심을 받는다

④ 예배의 자리로 가 하나님을 만난다

⑤ 죽고 싶은 원인을 객관적으로 찾아본다

⑥ 하나님이 곳곳에 심어 놓으신 감사를 회복한다

하늘 문을 여는 기도

살아 계신 하나님, 이 세상에 근심 된 일이 많고 참 평안이 없고 곤고한 일이 많고 쉬는 날이 없고, 죄악되고 죽을 일이 참으로 많습니다. 예수님이 그 때문에 이 세상에 오셔서 우리의 허물을 뒤집어쓰시고 십자가의 길을 걸으셨습니다. 그뿐 아니라 부활하심으로 영생의 축복까지 주셨습니다. 그리고 지금도 예수님은 우리를 위해 눈물로 기도하십니다. 그러니 이 세상에 근심된 일이 참으로 많으나 그 가운데 주님이 함께하시므로 두렵지 않습니다. 죽을 일이 참으로 많으나 그 가운데 주님이 세운 교회가 공동체로 함께하니 절망하지 않습니다.

성경의 인물들 중에 주님께 죽고 싶다고 갈구한 이들이 많음을 기억합니다. 위대한 능력의 선지자 엘리야도, 이스라엘 백성을 애굽에서 가나안으로 이끈 위대한 지도자 모세도, 눈물의 선지자 예레미야도 죽고 싶다고 했습니다. 하지만 주님은 그들의 등을 두드리며 사명의 길을 끝까지 완수하도록 이끄셨습니다. 자기 목숨을 내어주기까지 나를 사랑하시는 주님이 나의 친구요 나의 구원자가 되어 나의 길을 인도하실 줄 믿습니다.

그 주님께만 나의 모든 상황과 아픔을 토로하며 이 모습 이대로 십자가 앞으로, 지성소 안으로 나아가게 하옵소서. 인생의 골짜기에서 드리는 삶의 예배의 자리에 찾아오셔서 우리를 위로하시고 다시 세워 주시는 하나님께 감사하게 하옵소서.

예수님의 이름으로 기도드렸습니다. 아멘.

Part 3

응답받는 기도의 핵심은 사랑

열
매
맺
는
기
도

8

하나님 안에 거한다는 것은?

요한복음 15장 1-10절

요즘 젊은이들 사이에서 점 보는 게 유행인지 사주 카페가 눈에 많이 띕니다. AI가 출현하는 21세기에도 운명과 사주팔자가 궁금한 사람들이 많습니다. 이유가 뭘까요? 큰 힘 들이지 않고 성공하고 싶고, 애쓰지 않아도 복을 받고 싶어서입니다. 물질만능주의가 낳은 일확천금을 노리는 심리와 맞닿아 있는 것이지요.

하지만 하나님은 이런 행위를 싫어하십니다. 아니 무서운 죄로 여기십니다. 점을 보는 심리에는 내 인생을 내가 컨트롤하고 싶다는 욕망이 도사리고 있습니다. 하나님 없는 인생을 살고 싶은 것입니다. 하나님을 하나님으로 인정하지 않고 그 자리에 내가 있고 싶은 욕구이기 때문에 하나님은 점 보는 것을 죄로 여기십니다.

그러므로 하나님이 싫어하시는 행위는 점 보는 행위라기보다 하나님 없는 인생에 있다고 할 수 있습니다. 여러분은 어떤 삶을 살고 있습니까? 하나님께 내 인생의 주권을 맡기고 하나님의 뜻 안에서 살고 있습니까? 아니면 인생의 주권은 내가 쥐고 있으면서 하나님께는 복만 달라 합니까?

너희가 내 안에 거하고 내 말이 너희 안에 거하면 무엇이든지 원하는 대로 구하라 그리하면 이루리라 요 15:7

우리는 "무엇이든지 원하는 대로 구하라 그리하면 이루리라"에 마음을 두지만 하나님은 그보다 먼저 "너희가 내 안에 거하고 내 말이 너희 안에 거하게 하라"고 명령하십니다. 먼저 하나님 안에 거하는 것이 중요합니다. 이 전제가 빠진 신앙생활은 점집에 가서 복을 비는 행위와 다를 바가 없습니다. 그런 신앙생활을 하나님이 싫어하십니다.

나는 포도나무요 너희는 가지라

예수님의 포도나무 비유는 당시 청중들에겐 너무나 이해하기 쉬운 말씀이었습니다. 포도나무는 유대인들에게 가장 친숙한 식물이요 가장 중요한 작물이었습니다.

포도나무는 LAB 주석에 의하면 다음과 같은 특징이 있습니다.

ㅇ포도는 세계에서 가장 광범위하게 재배되는 과일이다.

ㅇ이집트 무덤에서 나온 고고학적 증거로 볼 때 포도는 예수님이 살던 시대보다 2500년 전에 재배되기 시작했다.

ㅇ오늘날에도 포도는 이스라엘의 농업과 경제에서 중요한 자리에 있다.

ㅇ포도나무는 이스라엘을 상징한다.

ㅇ포도나무는 줄기에 의해 그 품종의 질이 결정된다. 건강한 줄

기에서 건강하고 풍성한 열매가 난다.

ㅇ포도나무는 적응력이 높지만 세심한 돌봄(물, 비료)과 가지치기
　를 해줘야 한다.

ㅇ새로 심은 나무는 3~5년간 가지치기를 해서 적응력을 높여야 한다.

ㅇ훌륭한 뿌리는 백 년 동안 열매를 맺는다.

ㅇ포도나무는 생산력이 매우 뛰어나서 한 철에 **36kg**가량을 생산
　해 낸다.

ㅇ잘라 내지 않은 죽은 가지에서 질병이 퍼지기 쉽고 그에 따라
　생산성이 저하된다.

ㅇ잘 가꾸어진 포도나무는 미학적으로도 매우 아름답다.

이처럼 포도나무는 유대인이 가장 사랑하는 동시에 그 생태
를 잘 아는 나무 중 하나입니다. 예수님은 이 포도나무를 비유
로 들어 "나는 참 포도나무요 내 아버지는 농부라… 나는 포도
나무요 너희는 가지라"고 말씀하십니다. 우리는 이 비유에서
두 가지 중요한 메시지를 발견하게 됩니다.

첫째, 가지는 나무에 붙어 있어야만 열매를 맺을 수 있습니
다. 가지는 스스로 열매를 맺을 수 없습니다. 무슨 의미입니
까? 가지인 우리는 스스로 열매를 맺을 수 없습니다. 나무인
예수님께 붙어 있어야 열매를 맺을 수 있습니다.

> 무릇 내게 붙어 있어 열매를 맺지 아니하는 가지는… 가지가 포도
> 나무에 붙어 있지 아니하면… 나는 포도나무요 너희는 가지라 그
> 가 내 안에, 내가 그 안에 거하면 사람이 열매를 많이 맺나니 나를
> 떠나서는 너희가 아무것도 할 수 없음이라 요 15:2-5

즉 우리 인생은 스스로 선한 열매를 맺을 수 없습니다.
둘째, 포도나무는 가지치기가 필요합니다.

> 무릇 내게 붙어 있어 열매를 맺지 아니하는 가지는 아버지께서
> 그것을 제거해 버리시고 무릇 열매를 맺는 가지는 더 열매를 맺
> 게 하려 하여 그것을 깨끗하게 하시느니라 요 15:2

가지치기에는 두 가지 종류가 있는데, 하나는 열매 맺지 않
는 가지를 제거하는 것이요, 다른 하나는 좋은 열매를 맺기 위
해 잔가지를 제거하는 것입니다. "깨끗하게 하시느니라"는 좋
은 열매를 맺게 하기 위해 가지치기를 한다는 의미입니다. 신
앙생활은 이 가지치기를 잘해야 합니다. 하나님의 말씀을 기
준으로 중요한 것과 그렇지 않은 것을 분별하고, 해야 할 것과
하지 말아야 할 것을 판단하는 것입니다. 이것도 좋고 저것도
좋다는 인생은 좋은 열매를 맺을 수 없습니다. 우선순위를 분
명히 하고 선택과 집중을 명확히 할 때 인생에 불필요한 잔가

지를 제거하여 정결해질 수 있습니다.

눈빛만 봐도 알죠, 사랑하니까

하나님의 말씀에 의거해 영원하다고 생각하는 것에 집중하십시오. 그렇게 생각하다 보면 나오는 결론이 있습니다. 바로 사랑입니다. 영원한 것은 사랑의 관계입니다. 하나님과의 사랑의 관계, 사람과의 사랑의 관계가 영원한 것입니다.

요한복음 14-16장에는 예수님이 반복해서 강조하시는 것이 있는데 바로 사랑입니다. 예수님은 얼마 후 자신이 십자가 죽음을 맞고 부활하고 나면 성령님이 오실 것인데, 그분이 너희로 하여금 예수님이 하신 말씀을 생각나게 하고 하나님의 일을 감당하는 능력을 주실 것이라고 말씀하십니다. 실제로 제자들은 오순절에 마가의 다락방에서 예수님이 약속하신 성령을 받고 엄청난 능력자가 되었습니다.

그런데 예수님은 성령님이 오실 것이라는 약속과 함께 중간중간에 잊지 않고 사랑을 언급하십니다. 왜 그럴까요?

"너희가 내 안에 거하고 내 말이 너희 안에 거하면"은 하나님과 나의 합일을 말합니다. 즉 하나됨을 말합니다. 이것은 하나님과 나 사이의 인격적인 사랑의 관계를 말합니다. 하나님이 농부이시고, 예수님은 포도나무이시며, 우리는 포도나무에 붙어 있는 가지로서 서로 사랑하는 관계라는 것입니다.

> 아버지께서 나를 사랑하신 것같이 나도 너희를 사랑하였으니 나
> 의 사랑 안에 거하라 요 15:9

하나님은 우리 삶에 예수님이라는 포도나무를 심으셨습니
다. 왜 심으셨습니까? 사랑하기 때문입니다. 하나님은 사랑이
시기에 우리를 사랑하기 위해 그리고 우리로부터 사랑받기 위
해 예수님이라는 포도나무를 심으셨습니다. 다시 말해 사랑의
관계를 갖기 위해 예수님을 우리에게 주셨습니다.

> 하나님이 우리를 사랑하시는 사랑을 우리가 알고 믿었노니 하나
> 님은 사랑이시라 사랑 안에 거하는 자는 하나님 안에 거하고 하
> 나님도 그의 안에 거하시느니라 요일 4:16

누군가를 사랑하면 눈빛만 봐도 그가 원하는 것이 무엇인지
알 수 있습니다. 그 사람에게 '미쳤기' 때문에 그 사람의 사소한
손짓에도 반응하게 되어 있습니다.

우리는 흔히 하나님의 뜻을 구한다고 말하는데, 이때 하나
님의 뜻을 알려면 가장 먼저 하나님을 사랑해야 합니다. 그분
에게 미쳐야 그분의 뜻이 무엇인지 통달할 수 있습니다. 그러

므로 하나님께 기도하려면 먼저 하나님을 사랑해야 합니다. 하나님께 미쳐 있어야 합니다. "너희가 내 안에 거하면"은 하나님께 미쳐 있어야 가능합니다. 우리가 담대히 기도할 수 있는 것은 사랑이신 하나님 안에 거함으로 그의 뜻을 알 수 있기 때문입니다.

사명은 사랑을 회복해야만 완수할 수 있습니다. 기도의 첫 번째 핵심은 바로 사랑입니다.

> 그를 향하여 우리가 가진 바 담대함이 이것이니 그의 뜻대로 무엇을 구하면 들으심이라 This is the confidence we have in approaching God: that if we ask anything according to his will, he hears us 요일 5:14

죄인 된 우리가 전능하신 하나님을 향하여 담대한 마음으로 나아갈 수 있는 것은 사랑 안에서만 가능한 일입니다.

"너희가 내 안에 거하면"은 하나님께서 우리를 사랑의 관계로 초청하는 초대장과 같습니다. 이 사랑의 관계에 있을 때 우리는 기도할 수 있고 응답받을 수 있습니다.

"너 나 사랑하니?"

혹시 간절히 울부짖으며 기도하다가 다음과 같은 하나님의 음성을 들은 적이 있습니까?

"내가 당장이라도 그 기도 들어줄 수 있단다. 그런데 너 나 사랑하니?"

진정한 중보기도 인도자는 기도하는 법을 가르치기에 앞서 '하나님을 사랑하는가'를 먼저 묻습니다. 하나님을 사랑해야 내 이웃의 아픔을 위해 사랑으로 기도할 수 있습니다. 하나님을 사랑해야 내 이웃의 영혼 구원을 위해 진심으로 기도할 수 있습니다.

그런데 사실 우리는 원래 하나님과 사랑의 관계가 아니었습니다. 예수님이 우리의 중보자가 되어서, 우리의 포도나무가 되어서 우리로 하여금 농부이신 하나님의 돌봄과 사랑을 받게 하셨습니다. 예수님이 하나님과 우리 사이를 연결하셔서 우리가 하나님께 기도할 수 있게 되었습니다. 그리고 하나님과 우리 사이를 연결한 재료는 사랑입니다. 예수님의 십자가 고난이 그것을 말해 줍니다.

그러므로 예수님이 십자가 고난과 부활, 성령님을 약속하시면서 사랑을 계속해서 언급하는 것은 "너 나 사랑하니?"라고 몇 번이고 묻는 것입니다. 마가 다락방에 임한 성령님이 주신 능력을 받기 전에 제자들이 그리고 우리가 준비할 것은 사랑의 인격체로 성장하는 것입니다.

A. W. 토저(Tozer)는 《하나님을 추구함》(The pursuit of God)

이라는 책에서 이렇게 말했습니다.

"하나님은 인격이시다. 여느 다른 인격과 마찬가지로 하나님은 놀랍고 깊은 성품에서 생각하시고 의도하시며, 즐기시고, 느끼시며, 사랑하시고 바라시며 교통하신다. 우리가 하나님을 알게 하시려고 인격이라는 친숙한 형태로 머무신다. 하나님은 우리의 지, 정, 의라는 길을 통해 우리와 대화하신다. 하나님과 인간의 영혼 사이의 지속적이고 부끄러울 것 없는 사랑과 생각의 교환이 신약 종교의 고동치는 심장인 것이다. 그래서 하나님과 우리 영혼 사이의 교제는 우리가 자각할 수 있는 것이고 개인적인 것이다. 우리는 우리의 죄를 제외한다면 크신 하나님의 작은 형상이다. 그의 형상대로 만들어졌기 때문에 우리 안에는 그를 알 수 있는 능력이 있다. 그 능력은 예수를 믿고 우리의 죄가 사함을 받으며 다시 소생하고, 그리고 하나님을 사랑하고 하나님을 인생에 있어서 가장 소중한 것으로 추구하는 데 있다."

기도할 때 중요한 것은 양이 아니라 질입니다. 기도의 질은 목적과 방향이 결정합니다. 예수님 당시 바리새인들은 하루에 세 번 기도하고, 일주일에 한 번 이상 금식을 했습니다. 예수님은 이들의 기도 생활을 몹시 꾸짖으셨지요. 이유가 무엇입니까? 목적과 방향이 틀렸기 때문입니다. 그들이 시간을 정해 성실하게 기도할지라도, 금식하며 기도할지라도 목적과 방향이 자기 유익을 위한 것이고, 남들에게 보이기 위한 것이며, 기복을 구하는 기도였기에 예수님의 비난을 받았습니다. 하나님과 사랑의 관계도 맺지 못했으면서 입으로만 하나님의 이름을 불렀던 것입니다.

기도 응답이 왜 안 됩니까? 하나님과 소통되지 않는 이유가 무엇입니까? 하나님은 이렇게 대답하십니다.

"내가 다 들어줄 수 있는데, 너 나 사랑하니?"

방향도 목적도 하나님이다

본문을 통해 예수님은 무려 13번이나 반복해서 "내 안에 거하라, 나의 사랑 안에 거하라"고 말씀하십니다. 무슨 의미입니까? 하나님을 사랑하고 하나님을 추구하라는 것입니다. 그리고 그것이 우리의 기도 방향이자 목적이 되어야 합니다. 하나님은 이미 우리가 담대히 하늘 보좌에 나가 기도할 수 있도록, 우리와 사랑의 관계를 갖기 위해 독생자 예수를 십자가에서 희생시키셨습니다. 그리고 이제 우리가 예수 그리스도의 사랑의 생명력으로 거듭나 하나님과 사랑으로 교통하기를 원하십니다. 하나님과 사랑의 관계를 갖는 것이 가장 강력한 능력이 되기 때문입니다.

오스왈드 챔버스(Oswald Chambers)는 그의 저서 《기도》(If You Will Ask)에서 이렇게 말했습니다.

"하나님께서는 우리가 하나님보다 하나님이 주시는 복에 더 많은 관심을 가질 때 우리를 멀리하신다."

그는 또 기도하면서 우리가 놓치지 말아야 할 것에 대해 다음과 같이 말했습니다.

"전쟁이 없고 모든 것이 형통할 때 '하나님은 사랑이시라'고 말하는 것은 쉽다. 그러나 모든 일들이 내가 생각하는 형통과 정확하게 반대로 일어날 때 '하나님은 사랑이시라'고 말하는 것은 쉽지 않다. 가령, 불치의 병에 걸렸을 때, 불구가 되었을 때, 직장을 잃고 끝없이 무직으로 있을 때, 사랑하는 자녀나 부모나 가족이나 연인을 잃었을 때, 사업이 망하였을 때, 하는 일마다 실패할 때… 그러할 때 그 현실을 대하면서 '하나님은 사랑이시라'고 고백할 수 있는 사람은 일반인들이 놓치고 있는 뭔가 엄청난 것을 붙든 사람이다. 이 사람이 바로 하나님의 사랑을 진정으로 알아 하나님을 사랑하는 자다."

고린도 교회는 성령의 역사가 넘치게 일어났고, 성령님의 능력을 받아 다양한 은사를 가진 사람이 참으로 많았습니다.

하지만 안타깝게도 고린도 교회는 어느 교회보다 분란이 많았습니다. 서로 시기하고 질투하고 싸웠습니다. 성령의 능력을 가진 이들은 많았으나 교회는 매우 위태로웠습니다.

바울은 이런 고린도 교회를 위해 고린도전서 12장과 14장에서 성령의 은사가 무엇인지, 그 목적이 무엇인지 분명하게 가르칩니다. 그런데 이 가르침 중간에 사랑에 대해 가르칩니다. 고린도전서 13장은 흔히 사랑장이라고 하는데, 사랑이 없으면 온갖 은사가 아무 소용이 없다는 것을 강조하고 있습니다. 성령의 은사에는 반드시 사랑이 있어야 한다고 쐐기를 박고 있는 것입니다.

저도 인생에서 가장 중요한 것은 바로 사랑이라고 답하고 싶습니다. 사랑의 결핍은 곧 하나님의 부재입니다.

기도도 그렇습니다. 하나님을 사랑하는 마음 없이 하는 기도는 아무것도 아닙니다. 하나님을 사랑하지 않고도 하루에 10시간씩 기도할 수 있습니다. 당시 바리새인들이 그랬습니다. 하나님과 사랑의 관계로 하는 기도가 아니라면 그것은 점쟁이를 찾아가 복을 바라는 행위에 지나지 않습니다.

예수님은 분명히 말씀하십니다. 이 말씀을 믿으시기 바랍니다.

너희가 내 안에 거하고 내 말이 너희 안에 거하면 무엇이든지 원하는 대로 구하라 그리하면 이루리라 요 15:7

하나님의 사랑 안에 거하려면 먼저 내가 하나님의 자녀라는 확신이 있어야 합니다.

둘째는 예수님이 하나님의 아들이라는 사실을 믿어야 합니다.

셋째는 하나님께서 나를 사랑하신다는 확신이 있어야 합니다.

넷째는 내가 하나님을 사랑한다는 확신이 있어야 합니다.

제가 언젠가 일주일 동안 세 분의 사마리아 여인을 만났습니다. 박물관에서, 집무실에서, 길거리에서 각각 만났는데 그때마다 하나님은 제게 동일한 질문을 하게 하셨습니다.

첫 번째 사마리아 여인은 예순이 넘었고 아름다우며 인생을 참 잘 사셨구나 하는 느낌을 주는 분이었습니다. 대화를 나누다 보니 남편과 함께 선교지에 갈 마음도 있는 신실한 그리스도인이었습니다. 한참을 대화하다 하나님이 충동하셔서 이런 질문을 했습니다.

"권사님, 하나님 사랑하시나요?"

그런데 그분이 이렇게 대답했습니다.

"목사님, 제가 이 문제 때문에 1년 동안 고민했고 기도했습니다. 지난 1년 동안 제 기도 제목은 '하나님 사랑합니다'라고 고백하게 해달라는 것이었어요."

연인에게 당신을 사랑하도록 도와달라고 한다면 이미 사랑하지 않는 것입니다. 하나님은 그분에게 '내가 너를 사랑한다'는 사랑 고백을 하시려고 제게 그 같은 질문을 하도록 하신 게 아닌가 합니다.

두 번째 사마리아 여인은 제 집무실로 찾아온 전도사님이었습니다. 이때도 하나님이 충동하셔서 "전도사님, 하나님을 사랑하시나요?"라고 물었습니다. 그랬더니 전도사님이 갑자기 눈물을 흘리며 우셨습니다. 한참을 우셨습니다. 이 질문이 그토록 본질적인 것인지 새삼 깨닫게 되었습니다.

세 번째 사마리아 여인은 대사관에서 만났습니다. 미국 비자가 거절되어 미국에 갈 수 없게 됐다는 권사님이었는데 하나님께서 그분에게도 동일한 질문을 하게 하셨습니다.

"권사님, 오늘 하나님께서 부르시면 천국에 가실 수 있나요?"

"요즘 생활하는 것으로 봐서는…."

무슨 얘기입니까? 옛날에는 신앙생활을 잘했는데 요즘은 잘못하고 있다는 얘기입니다. 옛날에는 하나님한테 미쳐서 하나님의 뜻을 잘 알았는데 요즘엔 하나님과 멀어졌다는 얘깁니다.

이렇듯 많은 그리스도인이 '하나님을 사랑하는가'라는 질문에 자신 있게 대답하지 못합니다. 하나님과 사랑의 관계를 갖지 못하고 있다는 뜻입니다. 목사도 예외가 아닙니다. 권사도 장로도 그렇습니다. 하나님과 사랑의 관계를 갖지 않으면서 기도 응답을 받으면 뭐 합니까? 내가 잘나서 기도 응답이 되었다고 자랑이나 하지 않겠습니까?

우리로서는 하나님을 사랑할 능력이 없습니다. 다만 우리를 대속해서 십자가에 달려 죽으신 예수님이 중보자가 되어서 사랑할 수 있게 되었습니다. 예수님이 약속하신 성령님이 말씀을 깨닫게 하시고 하나님이 사랑이시라는 걸 알게 하시므로 하나님을 사랑할 수 있습니다.

우리가 비록 사랑할 능력이 없지만, 그 사랑 안에 거하기만 하면 하나님과 사랑의 관계를 갖게 됩니다. 하나님은 포도나무인 예수님으로 인해 사랑의 관계를 갖자 하십니다. 하나님의 초청에 응답하시기 바랍니다.

하나님
안에
거한다는 것은?

① 나무인 예수님께 가지로서 붙어 있는 것이다

② 하나님과 사랑의 관계를 갖는 것이다

③ 신앙생활의 목적도 방향도 하나님을 추구하는 것이다

하늘 문을 여는 기도

하나님, 교회 안에서 여러 가지 직분을 맡아 봉사하고 섬기는 것이 첫사랑의 감격을 잃어버린 채 습관에 따라 하는 것은 아닌지 돌아봅니다. 주님이 찾으시는 양이 우리 삶 한가운데 있는데 혹시 못 알아보고 있지는 않은지 회개합니다. 오늘 우리가 찾아가 염려하지 말라고, 주님이 당신을 사랑한다고 전해야 할 사람을 놓치지는 않았는지 돌이켜 봅니다.

"너희가 내 안에 거하고 내 말이 너희 안에 거하면 무엇이든지 원하는 대로 구하라 그리하면 이루리라"(요 15:7) 하신 주님, 오늘 주님의 음성을 들려주라 하신 그 사람을 만나는 것이 우리가 주님 안에 거하는 일임을 깨닫습니다. 우리가 구할 것과 이룰 것이 주님의 마음으로 내 이웃을 돌보는 것임을 깨닫습니다. 언제든지 주님 안에 거할 수 있도록 우리를 붙들어 주옵소서.

예수님의 이름으로 기도드렸습니다. 아멘.

9

사랑의 관계에서 기도할 때 나타나는 결과

요한복음 15장 7-17절

한 아름다운 여자가 있습니다. 너무나 아름다워서 쳐다보기만 해도 눈이 부실 정도입니다. 그런데 이 아름다운 여자의 얼굴이 기뻐야 하는데 슬픕니다. 왜냐하면 이 여자를 두고 두 남자가 결투를 신청했기 때문입니다. 중세시대에는 남자들끼리 결투를 해서 사랑을 쟁취했습니다. 목숨을 걸고 사랑을 쟁취한 것입니다. 유명한 문학작품들을 보면 사랑은 죽음에 비견되곤 합니다. 차라리 죽을지언정 양보할 수 없는 게 사랑인가 봅니다. 내가 사랑하기 때문에 양보할 수 없는 것입니다.

아가서도 "사랑은 죽음같이 강하고"(아 8:6)라고 노래합니다. 그런데 그 다음 구절이 재밌습니다.

> 질투는 스올같이 잔인하며 불길같이 일어나니 그 기세가 여호와의 불과 같으니라 아 8:6하

즉 사랑하는 사람이 배신으로 인해 느끼는 질투의 감정이 얼마나 강력한지 그 기세가 여호와의 불과 같다는 것입니다. 우리에 대한 하나님의 사랑도 이와 같습니다. 성경은 하나님이 질투하는 하나님이라고 말하고 있습니다. 우리를 사이에 두고 악한 사탄과 겨루는 하나님의 사랑은 절대 양보할 수 없는 사랑입니다. 그래서 독생자를 내어주기까지 하셨습니다.

아버지께서 나를 사랑하신 것같이 나도 너희를 사랑하였으니 나의 사랑 안에 거하라 요 15:9

'나의 사랑 안에 거하라' 하십니다. 그 사랑은 불같은 사랑입니다. 다시 말해 '나와 불같은 사랑을 하자'는 초대의 말씀입니다. 이 하나님의 초대에 어떻게 반응하고 있습니까? 뜨겁게 반응하고 있습니까?

기도의 자양분은 말씀이다

예수님은 우리와 예수님의 관계를 포도나무와 가지로 비유하셨습니다. 가지는 나무가 없으면 절대 열매를 맺을 수 없습니다. 나무에 꼭 붙어 있어야 양분을 얻어 꽃을 피우고 열매를 낼 수 있습니다. 그렇다면 가지인 우리가 나무에게 얻는 양분이란 무엇일까요? 바로 말씀입니다. 그리스도인은 하나님의 말씀을 양분 삼아 신앙이 자라고 인격이 성숙해지며 하나님의 일을 건강하게 할 수 있습니다. 기도하고 전도하고 봉사하는 모든 일들의 자양분은 말씀입니다. 말씀이 뒷받침되지 않은 기도와 전도와 봉사와 묵상은 하나님과 상관없는 것입니다. 그런데 예수님과 사랑의 관계에 있으면 자연스럽게 말씀 안에 거하게 됩니다.

아버지께서 나를 사랑하신 것같이 나도 너희를 사랑하였으니 나의 사랑 안에 거하라 요 15:9

연애해 본 사람은 알 것입니다. 연인이 준 편지 한 장에 마음이 설레서 읽고 또 읽고 외우기까지 읽게 된다는 것을요. 저도 아내와 연애편지를 주고받았는데, 결혼 후에도 생일이나 크리스마스같이 특별한 날이면 한 장도 아니고 대여섯 장씩 장문의 편지를 써서 주고받았습니다. 그러면 각자 방에 들어가서 그 편지를 읽고 소리 내어 깔깔거리며 읽고는 했습니다. 나를 향한 연정의 마음을 마음에 깊이 새기고 또 새기는 것입니다.

하나님과 우리의 관계도 마찬가지입니다. 우리를 향한 하나님의 사랑을 절절히 새겨 놓은 것이 말씀입니다. 하나님과 사랑의 관계에 있으면 하나님의 연애편지인 말씀을 읽고 또 읽으며 마음에 새기게 됩니다. 그래서 말씀이 꿀송이처럼 달다고 표현하는 것입니다.

《예수님이라면 어떻게 하실까》라는 책이 있습니다. 찰스 쉘던(Charles M. Sheldon)이 쓴 책으로 영문 제목이 'In His Steps: What Would Jesus Do?'입니다. 예수님과 사랑의 관계에 있는 사람은 매 순간 '예수님이라면 어떻게 하실까'를 생각하게 된다는 내용입니다. 위기가 닥쳤을 때, 고난 가운데 고통의 시간을 보내고 있을 때, 힘든 사람을 만났을 때, 예수님이라면 이 상황에서 어떻게 하셨을까 생각해 보라는 것입니다.

그런데 '예수님이라면 어떻게 하셨을까'를 묻기 전에 할 일이 있습니다. 예수님을 아는 것입니다. 예수님을 성경에서 만나고 인격적으로 만나는 것입니다. 예수님의 말씀 안에 거하지 않으면 이 질문을 하더라도 바른 대답을 구할 수 없습니다. 예수님을 알지 못하면, '예수님이라면 어떻게 하셨을까'라고 물어도 자기 뜻대로 자기 마음대로 판단하고 행동하게 됩니다.

그러므로 말씀 안에 거한다는 것은 내 의지, 내 철학과 세계관을 따라 사는 것이 아니라 그분의 계획, 뜻, 말씀을 따라 사는 것입니다. 사람들은 바로 이점 때문에 기독교를 받아들이기 힘들어합니다. 내 의지를 꺾고 하나님의 의지와 말씀을 따라 사는 것이 나의 소멸로 여겨지기 때문입니다. 그러나 배우자를 사랑한다고, 자녀를 위해 헌신한다고 내가 소멸됩니까? 내가 사라집니까? 그렇지 않습니다. 내가 소멸되는 사랑의 관계는 건강하지 않거니와 하나님과 우리의 관계는 그런 사랑을 하지 않습니다.

> 아버지께서 나를 사랑하신 것같이 나도 너희를 사랑하였으니 (그래서) 나의 사랑 안에 거하라 요 15:9

사랑하면 하나님의 말씀이 우리 안에 거할 수밖에 없습니다. 가지인 우리가 나를 주장하는 것이 소멸의 길입니다. 포도나무에 붙어 있기를 거부하는 순간 가지는 말라 죽게 됩니다. 자아가 펄펄 살아서 자꾸 내 자존심, 내 주장, 내 고집을 내세우면 포도나무에서 잘려 나갈 수밖에 없습니다. 하나님의 말씀을 양분으로 삼지 않는 가지는 죽을 수밖에 없습니다. 그러므로 포도나무에 꼭 붙어서 하나님의 말씀을 양분 삼아 자라고 성숙해지는 것이 가지인 우리가 할 일입니다.

그런 의미에서 요즘 그리스도인들에게 필요한 것은 충성심입니다. 우리는 이 충성심을 간과하는 시대를 살고 있습니다. 우리는 때로 내게만 좋은 값싼 신앙을 만들어 놓고, 내가 원하는 것을 들어주는 '점쟁이' 하나님을 숭배합니다. 성경의 하나님이 아니라 내가 만들어 놓은 하나님! 내가 기분 좋으면 찾아가고, 내 요구 조건을 들어주지 않으면 버리고 쉬 다른 곳으로 갑니다.

충성심은 고사하고 세상 사람들이 말하는 그 의리는 어디 갔습니까? 하나님의 아들이 십자가에서 우리를 구원하시고자 우리에게 충성하셨고, 의리를 지키셨습니다. 때문에 우리가 하나님을 사랑한다면 당연히 하나님의 말씀을 지키려고 노력하며 살아가야 합니다. 그러한 삶은 우리에게 지금껏 경험해 보지 못한 기쁨을 가져다줄 것입니다.

누군가를 좋아하게 되면 그 사람의 말과 행동거지를 따라하게 됩니다. 그 사람이 좋아하는 것을 하게 됩니다. 부모는 어린 자녀의 변 냄새까지도 사랑합니다. 하나님을 사랑하면 하나님을 닮게 되어 있습니다. 하나님이 좋아하는 말과 행동, 생각을 하니까 당연히 하나님을 닮는 것입니다.

> 아버지께서 나를 사랑하신 것같이 나도 너희를 사랑하였으니 나의 사랑 안에 거하라 내가 아버지의 계명을 지켜 그의 사랑 안에 거하는 것같이 너희도 내 계명을 지키면 내 사랑 안에 거하리라 요 15:9-10

하나님과 사랑의 관계에 있으면 당연히 하나님의 말씀을 따라 살아가려 애를 씁니다. 혹시 하나님을 믿는다면서 하나님의 말씀과 상관없이 살고 있습니까? 그렇다면 하나님을 사랑하지 않는 것입니다. 하나님을 사랑하면 하나님을 만족시키기 위해 몸부림치게 되어 있습니다. 발버둥을 쳐서라도 하나님을 닮아 가려고 애쓰게 되어 있습니다.

이 애씀의 과정에서 하나님을 하나님으로 인정하게 되고, 나란 존재가 포도나무에 달린 가지라는 사실을 이해하게 됩니다. 예전엔 나를 괴롭히는 사람이 너무 미웠지만, 그로 인해 내가 더 하나님 앞에 나아가는 것이 기쁘게 여겨집니다. 점점 더 하나님의 관점으로 나를 이해하고 타인을 이해하고 세상을 이해하게 되는 것입니다. 이것이 곧 성화의 과정입니다.

기도도 달라집니다. 예전엔 내 뜻이 이뤄지길 기도했지만 이제는 하나님의 뜻을 구하는 기도를 하게 됩니다.

가지가 나무가 되려는 것은 하나님처럼 높아지려는 것입니다. 선악과를 따먹음으로써 하나님처럼 높아지려 한 아담의 욕망과 같은 것이지요. 하나님 사랑을 잃어버리면 가지가 나무가 되려는 탐욕을 부리게 됩니다.

나의 계명을 지키는 자라야 나를 사랑하는 자니 나를 사랑하는 자는 내 아버지께 사랑을 받을 것이요 나도 그를 사랑하여 그에게 나를 나타내리라 요 14:21

예수께서 대답하여 이르시되 사람이 나를 사랑하면 내 말을 지키리니 내 아버지께서 그를 사랑하실 것이요 우리가 그에게 가서 거처를 그와 함께하리라 요 14:23

하나님을 사랑하므로 하나님을 기쁘게 하고 싶고 그의 말씀 안에 거하고 싶고 그 말씀을 따라 살고 싶습니다. 이 애씀이 있을 때 하나님은 우리와 함께하십니다. 그 말씀을 따라 완벽하게 살지 않아도 됩니다. 다만 사랑의 행위를 하면 됩니다.

> 우리가 그에게 가서 거처를 그와 함께하리라 We will come to him and make our home with him 요 14:23하

'우리'는 성부와 성자, 성령 하나님을 의미합니다. 전능하신 하나님께서 우리와 같이 살자고 하십니다. 얼마나 가슴 뛰는 말씀입니까.

> 나를 사랑하지 아니하는 자는 내 말을 지키지 아니하나니 너희가 듣는 말은 내 말이 아니요 나를 보내신 아버지의 말씀이니라
> 요 14:24

입술로만 하나님을 사랑하는 사람은 하나님의 말씀 안에 거하지 않습니다. 신앙생활을 아무리 오래해도 하나님을 사랑하지 않으면 하나님 말씀이 아니라 다른 말을 듣고 반응합니다. 다른 길로 가면서 그것이 하나님이 인도하시는 길이라고 착각합니다.

예수님 시대에 바리새인과 종교 지도자들은 누구보다 율법을 철저하게 지켰습니다. 그런데 그들이 예수님께 칭찬을 듣

지 못하고 책망을 들은 것은 그 모든 행위를 사랑이 아니라 의무로 했기 때문입니다. 하나님과 사랑의 관계에 있지 않고도 신앙생활을 잘할 수 있습니다. 매우 신실한 사람으로 비칠 수 있습니다.

하나님은 우리에게 능력이나 업적, 지식을 원하시지 않습니다. 다만 우리와 사랑의 관계에 있기를 원하십니다. 부모는 자식을 사랑하기 때문에 말하지 않은 것까지 다 해주고 싶습니다. 연인끼리는 사랑하기 때문에 수고를 마다하지 않습니다. 하나님과 사랑의 관계에 있는 사람은 사랑하기 때문에 말씀에 순종합니다.

그때에 세상이 줄 수 없는 기쁨을 맛보게 될 것입니다. 우리가 사랑하는 그 사랑보다 더 큰 사랑으로 우리를 사랑하시는 하나님께서 우리를 더 큰 기쁨으로 채워 주실 것이기 때문입니다.

하나님을 닮은 사랑이 곧 우리의 열매

아버지께서 나를 사랑하신 것같이 나도 너희를 사랑하였으니 나의 사랑 안에 거하라 내가 아버지의 계명을 지켜 그의 사랑 안에 거하는 것같이 너희도 내 계명을 지키면 내 사랑 안에 거하리라 요 15:9-10

하나님을 사랑해서 말씀 안에 거하고 그 말씀을 따라 순종하며 살 때, 괴로운 일이 생기기도 합니다. 우리는 아직 육의 사람이라서 진리 안에서 완전히 자유로워지지 않았기 때문입니다. 우리는 아직 연약하고 이기적이며 자아를 굴복시키지 못했습니다. 당연히 한계에 부딪치게 됩니다. 그래서 하나님을 사랑하는 일은 애씀이 필요하고 발버둥치고 몸부림치는 영적 고통이 따르게 됩니다. 그러나 그 영적 전투에서 승리만 하면 하늘로부터 제공되는 기쁨을 누리게 됩니다.

> 내가 이것을 너희에게 이름은 내 기쁨이 너희 안에 있어 너희 기쁨을 충만하게 하려 함이라 요 15:11

하늘로부터 오는 기쁨입니다. 우주를 창조하신 하나님이 소유한 기쁨을 우리가 소유하게 된다는 것입니다. 기쁨뿐입니까? 예수님의 능력을 덧입게 됩니다. 하늘로부터 오는 기쁨과 능력을 소유하면 어떻게 될까요?

> 내 계명은 곧 내가 너희를 사랑한 것같이 너희도 서로 사랑하라 하는 이것이니라 요 15:12

사랑하게 됩니다. 첫째는 하나님을 사랑하고 둘째는 내 이웃을 사랑하게 됩니다.

> 사람이 친구를 위하여 자기 목숨을 버리면 이보다 더 큰 사랑이 없
> 나니 너희는 내가 명하는 대로 행하면 곧 나의 친구라 요 15:13-14

하나님의 큰 사랑으로 이웃을 사랑하는 사람은 곧 예수님의
친구라 하십니다.

> 이제부터는 너희를 종이라 하지 아니하리니 종은 주인이 하는 것
> 을 알지 못함이라 너희를 친구라 하였노니 내가 내 아버지께 들
> 은 것을 다 너희에게 알게 하였음이라 요 15:15

종은 주인이 하는 일을 할 수 없지만 친구는 주인이 하는 일
을 할 수 있습니다. 우리가 이웃을 하나님의 사랑으로 사랑하
는 것, 그것이 곧 주인이 하는 일을 하는 것입니다. 그래서 더
이상 종이 아니라 친구라는 겁니다.

하나님 아버지는 농부이고, 예수님은 포도나무이며, 우리
는 가지라는 의미는 바로 하나님의 일을 동역하는 관계라는
의미입니다. 서로 떼려야 뗄 수 없는 긴밀한 관계라는 겁니다.

> 너희가 나를 택한 것이 아니요 내가 너희를 택하여 세웠나니 이는

너희로 가서 열매를 맺게 하고 또 너희 열매가 항상 있게 하여 내 이름으로 아버지께 무엇을 구하든지 다 받게 하려 함이라 요 15:16

'너희 열매'란 무엇일까요? 바로 이것입니다.

내가 이것을 너희에게 명함은 너희로 서로 사랑하게 하려 함이라 요 15:17

예수님 사랑은 이웃 사랑으로 나타나게 되어 있습니다. 우리의 열매는 이웃 사랑으로 드러나게 되어 있습니다. 부모와 자식 간에 가장 필요한 것도 사랑이요, 부부관계에서 가장 필요한 것도 사랑이요, 사람 간의 관계에서 가장 필요한 것도 사랑입니다. 가장 중요하고 가장 필요한 사랑을 우리가 하게 되는 것입니다.

왜 기도합니까? 왜 전도합니까? 왜 예배합니까? 사랑하기 위해서 합니다. 기도도 전도도 예배도 핵심은 사랑입니다. 사랑이 없는 기도, 전도, 예배는 아무것도 아닙니다.

새 계명을 너희에게 주노니 서로 사랑하라 내가 너희를 사랑한 것같이 너희도 서로 사랑하라 너희가 서로 사랑하면 이로써 모든 사람이 너희가 내 제자인 줄 알리라 요 13:34-35

예수님은 계속해서 틈만 나면 사랑 타령을 하십니다. 자꾸 공로를 세우고 업적을 내고 능력을 보이는 것으로 신앙을 증명해 보이려 하니까, 그게 아니라 핵심은 사랑이라고 반복해서 말씀하시는 것입니다. 사랑만이 신앙을 증거할 수 있다고 말씀하시는 것입니다.

"사랑의 감정은 죽음의 공포보다 강하다. 헤엄치지 못하는 아버지가 물에 빠진 아들을 보고 뛰어드는 것은 사랑의 감정이 시킨 짓이다."

톨스토이가 한 말입니다. 저는 이 말이 우리에 대한 하나님의 사랑을 분명하게 표현하고 있다고 생각합니다. 하나님은 죄의 올무에서 허우적대는 우리를 구하려고 이 땅에 뛰어드셨습니다. 하늘과 땅 차이를 생각할 겨를도 없이 무조건 뛰어드셨습니다. 그리고 십자가에 자기를 결박해 죽임을 당하셨습니다.

너는 나를 도장같이 마음에 품고 도장같이 팔에 두라 사랑은 죽음같이 강하고 질투는 스올같이 잔인하며 불길같이 일어나니 그 기세가 여호와의 불과 같으니라 많은 물도 이 사랑을 끄지 못하겠고 홍수라도 삼키지 못하나니 사람이 그의 온 가산을 다 주고 사랑과 바꾸려 할지라도 오히려 멸시를 받으리라 아 8:6-7

우리를 향한 하나님의 사랑을 막을 수 있는 것은 아무것도 없습니다. 우리를 향한 하나님의 사랑은 불같은 사랑이라서 물로도 불로도 그 사랑을 끌 수 없습니다. 우리는 다만 그 사랑에 반응해서 그 사랑 안에 거하고 말씀 안에 거할 수 있습니다. 그러므로 신앙의 핵심은 하나님의 사랑에 반응하는 것입니다. 반응하고 있다면 하나님을 사랑하고 이웃을 사랑하는 것으로 나타나게 됩니다.

기도는 하나님과 우리가 사랑하는 장소입니다. 하나님의 사랑의 속삭임을 듣고 우리 또한 사랑을 고백하는 사랑의 관계를 이루는 장소입니다. 이 사랑의 관계에 들어갈 때 하나님은 우리에게 하늘로부터 오는 기쁨과 능력을 주십니다. 그리고 "무엇이든지 원하는 대로 구하라 그리하면 이루리라"고 말씀하십니다. 사랑의 관계에 주시는 하나님의 약속입니다.

사랑의 관계에서
기도할 때
나타나는 결과

① 하나님을 닮아 가게 된다

② 하나님의 말씀을 따라 살아가려 애를 쓴다

③ 이 애씀의 과정에서 하나님을 하나님으로 인정한다

④ 내 뜻 대신 하나님의 뜻을 구하는 기도를 하게 된다

⑤ 세상이 줄 수 없는 기쁨을 맛보게 된다

⑥ 하나님 사랑이 이웃 사랑으로 나타난다

하늘 문을 여는 기도

하나님 감사합니다. 예수님의 포도나무 비유를 통해 내가 왜 기도하는지, 내가 왜 예배하는지, 내가 왜 섬기는지를 알았습니다. 바로 하나님의 불같은 사랑, 십자가 사랑에 근거한 것임을 알았습니다. 아직 연약하여 자아를 굴복시키지 못했고 이기적으로 굴 때가 많지만, 그럼에도 하나님과 사랑의 관계에 있기를 원합니다. 내 안에 하나님을 향한 진실한 사랑이 더욱 자라나게 하옵소서. 그 크고, 깊고, 넓으신 하나님의 사랑이 날마다 더욱 깨달아지게 하옵소서. 하나님의 말씀 안에 거하기 원합니다. 그럼으로 내 안에 삶의 가지치기가 이루어지게 하옵소서. 하나님에 대한 사랑이 말씀에 대한 순종으로 이어지게 하옵소서. 부족하고 연약한 우리를 불쌍히 여기셔서 하늘로부터 오는 기쁨을 누리며 하나님 사랑과 이웃 사랑으로 열매를 나타내는 삶을 살 수 있도록 인도하여 주옵소서. 예수님의 이름으로 기도드렸습니다. 아멘.

10

열매 맺는 기도, 응답받는 기도의 비결

요한복음 15장 1~17절

앞에서 두 장에 걸쳐 "너희가 내 안에 거하고 내 말이 너희 안에 거하면"이라는 말씀으로 기도의 중요한 두 가지 법칙을 알았습니다.

첫째, "너희가 내 안에 거하고"는 관계성을 의미합니다. 이 구절에서 우리는 '하나님을 사랑하는가'라는 질문을 발견하게 됩니다. 하나님을 사랑해서 기도하는가, 하나님을 사랑해서 예배하는가, 하나님을 사랑해서 신앙생활을 하고 있는가? 우리는 이 질문에 답할 책임이 있습니다. 하나님은 우리에게 "너 나 사랑해?"라고 묻고 계십니다. 기도는 하나님과 사랑의 관계 안에서 해야 합니다.

둘째, "내 말이 너희 안에 거하면"에서 우리는 '예수님 말씀을 삶에서 실천하는가'라는 질문을 발견하게 됩니다. 사랑은 자연스러운 것입니다. 의무나 억지로 하는 것은 사랑이 아닙니다. 하나님을 사랑하면 하나님의 말씀에 귀를 기울이게 되고 그 말씀을 따라 살고 싶어집니다. 순종은 의무가 아니라 사랑하면 자연스럽게 갖게 되는 책임으로 하는 것입니다. 기도는 말씀을 따라 살고자 하는 애씀으로 하는 것입니다.

이제 열매 맺는 기도, 응답받는 기도의 비결이 무엇인지 알아보겠습니다.

내 안의 불필요한 것들을 가지치기 하라

무릇 내게 붙어 있어 열매를 맺지 아니하는 가지는 아버지께서
그것을 제거해 버리시고 무릇 열매를 맺는 가지는 더 열매를 맺
게 하려 하여 그것을 깨끗하게 하시느니라 요 15:2

포도 농사를 잘하려면 가지치기를 잘해야 합니다. 말라비
틀어지고 상하고 죽은 가지를 잘라 줘서 건강한 가지가 양분
을 충분히 받아 포도 열매를 풍성히 맺도록 해줘야 합니다. 때
로 살아 있는 덩굴 전체를 잘라 줘야 할 때도 있습니다. 이것
역시 좋은 열매를 맺기 위해서입니다.

어떤 신학자들은 이 말씀을 구원론과 연관시킵니다. 포도
나무에서 떨어져 나간 가지는 구원을 잃어버린 것이라고 해석
하는 것입니다. 저는 이 주장에 동의하지 않습니다. 한 번 구원
은 영원한 구원입니다. 만일 어떤 이유로 인해 구원을 상실할
수 있다면, 구원은 그 이유보다 능력 없는 것이 됩니다. 따라서
이 말씀은 구원과 관계된 말씀이 아니라 신앙생활과 관련 있
다고 봅니다. 신앙생활에서 열매를 맺으려면 그것을 방해하는
불필요한 가지를 제거해야 한다는 의미입니다.

우리는 모두 좋은 열매를 풍성히 맺고 싶어 합니다. 하지만
이를 위해 불필요한 것들을 제거해야 한다고 하면 망설입니

다. 내 것을 버리기가 아깝기 때문입니다. 그러나 예수님은 매우 강경한 어조로 삶의 가지치기를 하라고 명령하십니다.

> 사람이 내 안에 거하지 아니하면 가지처럼 밖에 버려져 마르나니 사람들이 그것을 모아다가 불에 던져 사르느니라 요 15:6

오스왈드 챔버스(Oswald Chambers)는 우리가 버려야 할 한 가지로 '우리의 잘못된 고집'을 듭니다.

'나는 이것을 어떤 일이 있어도 꼭 해낼 거야. 이게 하나님 뜻이야.'

많은 사람이 자기 신념이나 고집을 하나님 뜻으로 둔갑시킵니다. 그리고 반드시 이뤄져야 한다고 밀어붙이기 위해 기도합니다.

> 여호와께서는 그들이 요구한 것을 그들에게 주셨을지라도 그들의 영혼은 쇠약하게 하셨도다 시 106:15

내 고집을 하나님 뜻이라고 둔갑시킨 뒤 떼를 써서 응답을 받기도 합니다. 하지만 그 결과는 영혼의 쇠약입니다. 욕심껏 떼를 써서 응답을 받았지만 이전보다 더 상황이 나빠진 것입니다. 때로 하나님의 뜻을 잘 알면서도 고집을 부릴 때도 있습니다. 내 욕구가 너무 커서 하나님의 뜻에 순종하기 싫은 겁니다.

그래서 물질의 축복이 꼭 축복은 아닙니다. 성공이 꼭 축복은 아닙니다. 나침반이 가리키는 예수님을 보지 않고 나침반만 바라본 사람은 영혼이 쇠약해집니다.

좋은 열매를 맺기 위해서는 썩어져 가는 불필요한 가지들을 제거해야 합니다. 불필요한 고집, 욕심, 이기심, 불순종 등을 제거해야 합니다.

기도 응답을 받지 못했습니까? 내 안의 무엇이 하나님과 나 사이의 사랑의 관계를 방해하는지 살펴보고 가지치기를 해야 합니다. 이때 성령님의 조명이 필요합니다. 하나님과의 관계에서 막힌 담이 느껴진다면 그것이 무엇인지 조명해 달라고 성령님께 간구하십시오.

하나님은 과정을 주목하신다

미국 딸기는 맛이 없습니다. 대륙이나 다름없는 미국 전역으로 보내려면 설익은 딸기를 수확해서 약품처리를 한 뒤 상품으로 내놓기 때문입니다. 아직 빨갛게 익지 않은 딸기를 따서 멀리까지 배달을 갑니다. 나무에서 충분히 익은 열매가 맛있습니다. 건강에도 좋습니다. 하지만 조급한 현대인은 이 과정을 견디지 못합니다. 보기에 먹음직스럽기만 하면 상품으로 출하해 버립니다.

포도는 이스라엘과 캘리포니아처럼 척박한 환경에서 잘 자랍니다. 포도는 낮에는 작열하는 태양을 견디고 밤에는 차가운 서리를 맞으며 맛있게 익어 갑니다. 이 과정이 생략된 포도는 맛이 떨어집니다.

세계 최강국인 미국은 세계 최강의 비만 국가입니다. 현대인은 길게 내다보는 대신 당장 닥친 일을 빠르게 해치우며 인스턴트 인생을 살아갑니다. 그 결과는 각종 질병에 시달리는 것입니다. 못 먹어서 못 사는 게 아니라 너무 잘 먹어서 제대로 살지 못하는 것입니다. 과학 문명의 시대에 생활이 훨씬 편리해졌지만 현대인은 예전보다 행복하지 않습니다. 과정이 생략된 결과에 연연하는 삶을 살기에 살맛이 나지 않는 것입니다.

하나님이 주목하여 보는 것은 결과가 아니라 과정입니다. 가지가 무성하고 꽃이 아름답게 풍성히 피었는데 나중에 열매가 없다면 나무에 문제가 생긴 것입니다. 열매 맺는 과정에 문제가 생긴 것입니다. 하나님의 관심은 열매를 맺는 과정에 있습니다.

하나님은 그리스도인이 성숙해져 가는 과정을 주목하십니다. 우리는 조급한 마음에 과정을 생략하고 결과만 손에 쥐고 싶어 하지만 그것은 하나님의 뜻이 아닙니다. 응답받는 기도에도 과정이 중요합니다.

사람은 고난을 겪으면서 성숙해집니다. 고난 가운데 있을 때 하나님을 찾고 또 찾기에 하나님 안에서 성숙해지는 것입니다. '너희가 내 안에 거하고 내 말이 너희 안에 거하라'는 말씀은 곧 하나님과 사랑의 관계로 익어 가고 순종의 삶으로 성숙해지라는 의미입니다. 그럴 때 우리 인생은 좋은 열매를 풍성히 맺게 됩니다.

좋은 열매를 맺기 위해선 시간이 필요합니다. 농부가 흘리는 땀이 필요합니다. 햇볕과 바람과 비를 맞는 고난의 시간이 필요합니다. 그 고단한 인내의 시간을 지나야 비로소 하나님의 때에 좋은 열매가 맺어집니다. 맛있는 인생이 됩니다.

좋은 열매를 맺기 위해서는 인내와 훈련과 사귐의 과정이 필요합니다. 이렇게 훈련된 하나님의 사람만이 썩지 않는 귀한 열매를 만들어 냅니다. 그 열매로 인해 하나님이 영광을 받으십니다.

> 너희가 열매를 많이 맺으면 내 아버지께서 영광을 받으실 것이요 너희는 내 제자가 되리라 요 15:8

우리가 무슨 수로 하나님을 영화롭게 하겠습니까? 그런데 하나님은 하나님의 기나긴 훈련을 받고 결실한 우리 삶의 열매를 보고 영광받으신다고 합니다. 이 사실에 감격해야 마땅합니다. 우리가 하나님의 사랑으로 한 영혼을 위해 기도하고 사랑을 베풀 때 하나님은 그로 인해 영광받으십니다.

주님은 좋은 열매를 주시기 위해 우리에게 사랑의 관계를 원하십니다. 사실은 열매보다 열매를 맺게 한 분이 누구인지를 깨닫게 하시려고 주님은 우리에게 기다림의 시간을 주십니다. 좋은 열매를 원한다면 끊임없는 좌절과 실패 속에서도 포도나무이신 예수님께 끈질기게 붙어 있어야 합니다. 가지는 나무에 붙어 있기만 하면 됩니다. 그것이 능력이고 그것이 지혜이고 그것이 신앙생활을 잘하는 것입니다. 좋은 열매는 결코 하루아침에 만들어지지 않습니다.

기도 응답을 받고 싶습니까? 기다리십시오. 인내하십시오. 다만 포도나무이신 예수님께 꼭 붙어서 기다리고 인내하며 무수한 시간을 견디십시오. 그때에 열매 맺는 기도를 하게 될 것이고, 응답받게 될 것입니다.

하늘 문을 여는 기도

그럼 우리 삶의 열매란 과연 무엇입니까?

ㅇ 전도의 열매(마 28:18-20)

ㅇ 거룩의 열매(롬 6:22)

○성령의 열매(갈 5:22-23)

○찬양과 입술의 열매(히 13:15)

이 열매들의 공통점이 무엇인지 알겠습니까? 이 열매들은 나를 위한 것이 아닙니다. 나를 영화롭게 하고 나를 만족시켜 주는 열매가 아닙니다. 내가 아니라 하나님과 사람들을 기쁘게 하는 열매입니다. 성령의 아홉 가지 열매를 보면 하나같이 이타적인 것입니다. 하나님을 영화롭게, 사람을 기쁘게 하는 열매들입니다. 그런데 이것이 내가 살아나는 길입니다. 내 안에 생명이신 그리스도가 살고 그리스도 안에 내가 살게 되기 때문입니다.

제대로 주님 사랑에 감격한 그리스도인은 전도의 열매, 거룩의 열매, 성령의 열매, 찬양과 입술의 열매를 위해 인생을 겁니다. 그리고 그 과정에서 열매 맺는 목적이 하나님과 사람을 기쁘게 하는 데 있다는 걸 깨닫게 됩니다.

아브라함은 자신의 유익과 아무 상관이 없지만 소돔과 고모라를 위해 기도했습니다. 모세는 200만 명의 이스라엘 백성을 애굽에서 건져 내기 위해 기도했습니다. 다윗은 여호와 하나님을 위해 골리앗에 맞서 싸웠습니다. 엘리야는 하나님과 백성을 위해 1대 850의 영적 전투를 치렀습니다. 사도 바울이 죽음을 무릅쓰고 세계를 다니며 복음을 전한 것은 하나님의 잃어버린 영혼을 구하기 위해서였습니다.

이제 비로소 "너희가 내 안에 거하고 내 말이 너희 안에 거하면 무엇이든지 원하는 대로 구하라 그리하면 이루리라"는 말씀이 이해가 됩니다. 우리가 하나님께 구하는 동기와 목적이 주님 안에 있는 것이라면, 그분의 생각과 심장이 우리 가운데 있다면, 무엇이든 구하십시오. 주님께서 이루어 주실 것입니다.

아직 이해가 되지 않는다고요? 그럼 쉽게 적용해 보겠습니다. 기도할 때 나의 기도 제목이 아니라 다른 사람의 기도 제목을 붙들고 기도하는 것입니다. 그리고 내 기도는 다른 사람에게 기도해 달라고 부탁하는 것입니다. 중보기도는 힘이 있습니다. 능력이 있습니다. 하나님은 우리가 남을 위해 기도하기를 원하시기 때문입니다. 나의 부귀영화와 유익을 위한 기도가 아니라 상대방의 유익을 위한 기도는 무엇이든 하나님의 마음을 움직이게 되어 있습니다. 이제 7절부터 17절까지 천천히 음미하며 읽어 보십시오.

> 7 너희가 내 안에 거하고 내 말이 너희 안에 거하면 무엇이든지 원하는 대로 구하라 그리하면 이루리라
>
> 8 너희가 열매를 많이 맺으면 내 아버지께서 영광을 받으실 것이요 너희는 내 제자가 되리라
>
> 9 아버지께서 나를 사랑하신 것같이 나도 너희를 사랑하였으니

나의 사랑 안에 거하라

10 내가 아버지의 계명을 지켜 그의 사랑 안에 거하는 것같이 너
  희도 내 계명을 지키면 내 사랑 안에 거하리라

11 내가 이것을 너희에게 이름은 내 기쁨이 너희 안에 있어 너희
  기쁨을 충만하게 하려 함이라

12 내 계명은 곧 내가 너희를 사랑한 것같이 너희도 서로 사랑하
  라 하는 이것이니라

13 사람이 친구를 위하여 자기 목숨을 버리면 이보다 더 큰 사랑
  이 없나니

14 너희는 내가 명하는 대로 행하면 곧 나의 친구라

15 이제부터는 너희를 종이라 하지 아니하리니 종은 주인이 하는
  것을 알지 못함이라 너희를 친구라 하였노니 내가 내 아버지께
  들은 것을 다 너희에게 알게 하였음이라

16 너희가 나를 택한 것이 아니요 내가 너희를 택하여 세웠나니 이
  는 너희로 가서 열매를 맺게 하고 또 너희 열매가 항상 있게 하
  여 내 이름으로 아버지께 무엇을 구하든지 다 받게 하려 함이라

17 내가 이것을 너희에게 명함은 너희로 서로 사랑하게 하려 함
  이라 요 15:7-17

왜 성공을 구합니까? 왜 더 나은 경제 여건을 구합니까? 왜
자녀들을 성공시키고 싶습니까? 왜 학위를 위해 공부합니까?

왜 건강을 구합니까? 왜 교회가 성장하기를 구합니까? 구하는
동기와 목적이 무엇입니까?

> 그런즉 너희는 먼저 그의 나라와 그의 의를 구하라 그리하면 이
> 모든 것을 너희에게 더하시리라 마 6:33

　기도의 능력과 비밀이 바로 여기에 있습니다. 우리는 내가
먼저 잘살고 내 자녀가 먼저 좋은 대학에 들어가고 내 남편이
승진하는 것이 중요합니다. 하나님이 내가 원하는 것을 들어
주셨으면 좋겠습니다. 그런데 하나님은 우리에게 물으십니다.
"네 기도 들어주지 않으면 너 나 사랑하지 않을 거니?"

　기도의 능력은 사랑에서 나옵니다. 하나님을 사랑하고 이
웃을 사랑할 때 우리 기도에 능력이 생깁니다. 내가 아닌 다른
사람을 사랑해서 기도할 때 하나님은 '모든 것을 더하시겠다'
고 하십니다. 우리가 바라는 축복이 덤으로 따라온다는 얘기
입니다. 우리의 기도 목적이 무엇이기 때문에 그렇습니까? 하
나님의 나라와 의를 구하는 것이기 때문입니다. 하나님 나라
와 의의 핵심도 사랑이기 때문입니다.

> 내가 진실로 진실로 너희에게 이르노니 나를 믿는 자는 내가 하
> 는 일을 그도 할 것이요 또한 그보다 큰일도 하리니 이는 내가 아

우리가 예수님보다 더 큰일을 하겠다는데 놀랍지 않습니까? 실제로 이 같은 일이 교회의 역사에서 무수히 일어났습니다. 예수님을 세 번이나 부인한 베드로는 설교 한 번에 3천 명이 복음을 받아들였습니다. 초등학교도 졸업하지 못한 무디(D. L. Moody) 목사님도 설교로 200만의 영혼을 구원했습니다. 빌리 그레이엄(Billy Graham) 목사님도 1억 명이 넘는 사람들을 회심시켰습니다.

이것이야말로 하늘 문이 열리는 기도가 아니겠습니까? 어떻게 이런 일이 가능합니까?

나를 위해서 기도하지 않고 남을 위해서 기도했기 때문입니다. 하나님을 사랑하고 이웃을 사랑하는 마음으로 기도했기 때문입니다. 하나님과 사랑의 관계에 있으면 이렇듯 기도의 지경이 넓어집니다. 나만, 내 가족만, 내 집만, 내 사회만, 내 민족만, 내 나라만 기도하던 내가 변해서 더 넓고 더 많은 사람을 위해 기도하게 됩니다. 기도의 능력이 날로 커지는 것입니다.

물론 나 자신을 위해 기도하지 말라는 얘기는 아닙니다. 기도의 지경이 날로 넓어지자는 의미입니다. 기도가 깊어지고 넓어져서 하늘 문이 열리는 기도에까지 이르자는 의미입니다.

그 사람을 위해서 기도했는데 내 문제가 해결됩니다. 남을 위해 기도했더니 생각지도 않은 곳에서 막힌 담이 헐리는 것을 경험하게 됩니다. 병이 낫고 관계가 회복되는 경험을 하게 됩니다. 하나님의 사랑으로 사랑하기에 그를 위해 기도할 때 하늘 문이 열립니다.

예수님은 하늘 보좌를 버리고 우리 삶의 고난의 한복판으로 오셨습니다. 눈물의 한복판으로 오셨습니다. 죄의 한복판으로 오셨습니다. 우리는 예수님에게서 하나님 나라와 그 의를 구하는 것이 무엇인지 배울 수 있습니다. 그것은 사랑입니다. 오직 사랑입니다.

사랑으로 하늘 문을 여는 능력의 사람이 되기를 바랍니다. 그 사랑은 하나님 안에 거할 때, 주님의 말씀 안에 거할 때 공급받습니다.

주님이 좌절과 죄책감과 실망 속에 있는 베드로에게 찾아와 물으십니다.

"네가 나를 이 모든 것들보다도 사랑하느냐?"

거기에 대한 답이 하늘의 문을 열게 합니다.

열매 맺는 기도,
응답받는 기도의
비결

① 고집, 욕심, 이기심, 불순종 등 불필요한 가지들을 제거한다

② 좋은 열매를 맺기 위해 기다리고 인내하는 무수한 시간을
   견딘다

③ 나를 위해서가 아니라 남을 위해서 기도한다

하늘 문을 여는 기도

하나님, 저는 가지입니다. 주님을 떠나서는 아무것도 할 수 없습니다. 제가 주님 안에 거하겠습니다. 주님의 말씀이 제 안에 거할 수 있도록 도와주시옵소서. 오늘은 쓰러졌지만 이 말씀 가지고 다시 살기를 원합니다. 이 약속의 말씀을 붙들고 다시 기도하며 일어나기를 원합니다. "너희가 내 안에 거하고 내 말이 너희 안에 거하면 무엇이든지 원하는 대로 구하라"는 말씀을 따라 하늘 문을 여는 능력의 기도를 할 수 있기 원합니다. 말씀 안에 거함으로 하나님의 뜻 안에 거하게 되기를 원합니다. 저의 기도를 통하여 하나님의 뜻을 이루어 드리기를 원합니다. 주님, 기도의 지경을 넓혀 주옵소서.

예수님의 이름으로 기도드렸습니다. 아멘.

내 손을 잡아 주시는
하나님을 경험하라

제가 미국에서 결혼식 주례를 했을 때 하던 말이 있습니다.

"From now on, your problems are my problems and I will take care of them."

결혼은 '이제부터 당신의 문제들은 곧 나의 문제입니다. 내가 책임지겠습니다'를 약속하는 것이라고 한 것입니다.

미국에서 결혼 전 아내와 데이트하던 시절, 첫 크리스마스 날 아내가 제게 멋진 재킷을 선물해 주었습니다. 재킷은 100불이나 했는데, 당시 유학생이던 우리로선 꽤 큰 돈이었습니다. 아내는 그 재킷에 저를 향한 사랑의 마음을 한껏 담았습니다. 다음 해 여름, 우리는 결혼을 했고, 아내가 재킷을 사느라 진 카드 빚을 다 갚았습니다. 저는 아내로부터 사랑의 선물을 받았고 결혼 후 저는 아내에게 (재킷을 산 카드의) 빚을 갚는 책임을 다했습니다.

결혼이란 좋은 때만, 좋은 모습만 사랑하는 것이 아닙니다. '이제부터 당신의 문제는 곧 나의 문제입니다. 내가 책임지겠습니다'를 약속하는 것입니다. '인생의 희로애락, 굴곡의 모든 순간에 당신을 홀로 두

지 않고 내가 언제나 당신과 함께하겠습니다'를 약속하는 것이 결혼입
니다.

우리가 하나님을 믿는다는 것은 자기 아들의 생명을 사랑의 담보로
내어 주신 그분의 손을 잡는 것입니다. 하나님은 우리가 그분의 손을
잡는 순간 "이제부터 너의 모든 순간을 내가 너와 함께하겠다"고 약속
해 주십니다. 하나님이 함께하시기에 이제 나의 문제는 더 이상 나만
의 문제가 아닙니다. 하나님께서 말씀하십니다.

"From now on, your problems are my problems and I will take
care of them."

하늘의 문을 여는 기도를 통해 그런 하나님을 경험하시기를 축복합
니다.